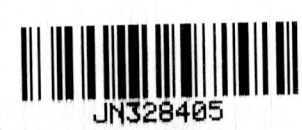

ヒットの予兆はスマホで瞬時に読みとれる！

世界一やさしいビッグデータの超《スーパー》攻略術

USJ元開発マネジャー／データサイエンティスト
柿沼朱里 著

アーク出版

at first

すっごくモテる人がこの世にいる。
一方でどんなにがんばってもモテない人がいる。

それはなぜだろう？そう思ったことはないかな？
その両者の差は身長……とも限らない。
ファッションセンス……とも限らない。
その違いって何だろう？
そこには多様性というバイアスが存在し、不安定だからだ。
もしその差分と要因がわかるデータがあったとしたら、
そりゃぁ大発明！
誰でも今日からモテ男、モテ女になれる！

ビッグデータを扱うとはそーゆーお話。

まぁ、“モテ”のデータは材料がないからできないけど、“商品の モテ度”や“キャラクターのモテ度”、正確には「注目度」は存在 する。
あなたが Google で検索している言葉、またツイッターでつぶやかれている言葉、そういった言葉の量を集約したビッグデータが「注目度」なのだっ！ これがまた一部はオープンデータとして公開されているから、誰でも使える。
あー！ なんていい時代なんでしょ。
ただし、それはまだ折れ線グラフにすぎないわけで、それを 読む力を持たなきゃぁ、実用にはならないわな。

この本では主に検索オープンデータの分析術を、ビジネスの現場での実例をサンプルに、スマホでできるテクニックを伝授しちゃいます！
んじゃぁ、なぜラップトップＰＣじゃなくて、スマホなのか？
スマホって、現代人が常備している最小のＰＣ だって気がついていたかな？
例えば、クライアントと商談の時。
社内プレゼンの時。
あるいは飛び込み営業に対応している時。
その場を支配している人物が「売れてる」とか「今、TV でよく出てる！」とか、タチの悪い時には「ウチの娘が流行ってるって言っていた」とか発言したら、それを信じ切っていいの？

「事件は会議室で起きてるんじゃない！現場で起きているんだ！」
って、名セリフを思い出してほしい。

よほど精密な資料を基にした商談でない限り、そこには発言した人の “思い込み” とか “テレビで見た” とか “長年の勘” と言ったモノサシが裏に潜んでいる可能性が高い。
「テレビで見た」なんて一番怪しくて、アレって企業がお金出して情報を拡散していたり、ネタ不足からメディアが飛びついた『加工された情報』でしょ？
そんな情報なんか根拠になるかっ！
そんな時にスマホでササッと裏付けを取ることができれば、『加工された情報』と『リアル』の見分けが即時につく！
このネ申ワザ。これから必須のスキルになると思う。

私のビッグデータ研究は2006年頃、株式会社ユー・エス・ジェイ物販開発次長時代に始まる。
テーマパークとはマーケティングにはとても便利な環境で、目の前にある売り場から、開発部門へリアルタイムにデータが上がってくるので、追加発注や搬入等の作戦を立てるのが早い。
ただし、そのデータはPOS（知らない人は、その手の中にあるスマホでググって！）なので品目の“量”しか把握できない。
アレが群を抜いて売れている理由は？
コレが売上げ0の理由は？（あるのよ。0が出る時が）
ケッキョクのところ“勘”に頼るしかない。
「なんでスヌーピー店舗の売れ行きが落ちたんや？」
「ダウントレンド（わかるよね？ わかんない人はググれ）ちゃう？」
「せやかも」
ちょい！ちょい！ちょい！ んーーーーー。私ぁ その理由が知りたい。 私はゲスト(テーマパークでの消費者)の心理を数字で見たい！ そして比較したい！他のキャラや、季節ごとの変化を目に見える形で！
それが当時はその言葉も存在しなかった「ビッグデータ研究への旅の始まり」の発端だった。

当時はビッグデータの持つポテンシャルを理解できるビジネスパーソンは全くいなくてね、説得は難航したなぁ。
いま思えば、彼らもまた、コントロールされたメディアを信じ切っていたのかもしれないな。

しかし、調べてみると、大量の集計データというリソースは、ネットのあちこちに存在していたんだな。
WWW という宇宙に漂う 0 と 1 で構成された、落とし物。
それを拾い集めて並べてみると、そこに現象を引き起こす理由が見えて来る。
そしてそれはコツさえつかめば、誰でもできる。
そう。あなたもビッグデータを駆使できるのだ！　便利！　スゲ！
広大なインターネット・コスモの中にあなたが欲しい本当の星は煌めいているんだよ。
それを発見した時、最初は秘技として隠しておきたかったんだよー。実は。
だって、知ってると知らないでは、知っている方が絶対優位。
でも、アーク出版さんから声をかけられた時に、その気持は変わったんだぁ。
生活環境や社会環境。毎日登場する新テクノロジー。
急速に変化する市場にビジネスマンが最速で対抗するにはこのテクは有効だし、市場を数字から見ていない長年の勘が頼りの企業主さんにも目を覚ましほしいと思って立ち上がったのよ。
そこで書籍の形を借りて、大公開っ！
判断も、決定も、これからはデジタルの時代になる。

デジタルの話なのにペーパーメディアっつーミスマッチが自分的に気に入ってる。

さぁ、スマホを片手に、私と一緒にビッグデータの旅へ出よう！

2014 年 8 月　　柿沼 朱里

CONTENTS

Chapter 2　時間軸からデータを読む

◉分析の第一歩は時間軸に沿っての量の増減を見る。

analysis 2　夜 10 時、ダイエットは襲って来る——38

パブリシティを連射してもコストばかりで効果薄。
消費者ニーズのベストタイミングを時系列で探る。

analysis 3　目に入れても痛くないランドセル——45

消費者ニーズは我々の思いもよらない時点に発生する。
時代の変化でできた新しいポイントを発見しよう。

analysis 4　もはや日本文化のキャラ弁——49

フラクタルを持った商品には、なにがしらかの相関関係がある可能性が高い。その関係性を発見する。

analysis 5　隅田川はかくして全国区となった——54

集客効果を狙って各地であらゆるイベントを行うが、
小さいパイでは効果がない。大きいパイになる要因とは？

analysis 6　カラオケ 10 年史——58

変化など想像もしない商品やサービスも、長いスパンで
見比べると新たな商機、消費者層拡大が発見できる。

analysis 7　TV と映画の相棒関係 ―― 61

ビジネスとしてコンテンツを作り上げるのは容易ではない。
多チャンネルとタイミングで成長させた実例。

analysis 8　「激安」が好き！「安売り」が好き！ ―― 63

商品のお手頃感を表現する語彙はいくつもあるが、
どう表現すれば最も訴求するかを数値で探る。

Point　静かな日々の階段を ―― 66

Chapter 3　地域、年齢層からデータを読む

◉行かなくても会わなくても地域性や年齢層の違いがわかる。

analysis 9　きゃりぱみゅはクール・ジャパンじゃない ―― 70

対象となるコンテンツが誰に支持されているかを把握
していないとムダな広告を打つだけ。

analysis 10　日本全国ワンピース大戦争 ―― 73

集客効果としてのキャラクター活用は誰でも考えることだが、
誰でも同じ効果を得るとは限らない。

analysis 11　東京で企画すると日本を見落とす——77

日本全国で大好評発売中な商品など、存在しない。
特に趣味・趣向は地域によってバラつきがある。

analysis 12　シブヤがGINZAを超えた理由——81

店舗を配置するなら集客力の高い地域を狙うもの。
どこがベストか？そこにはどこから人が来るのかを探る。

analysis 13　ガンダムv.s.トランスフォーマー——83

データ分析は１つの視点だけで行うと見誤う。
全貌を把握するには多面的にデータを統合しなくては見えない。

analysis 14　稲川淳二怪談の温度差——90

全国的な人気度で評価されるエンタメ系コンテンツも、
よく調べると地域によって差異がある。

analysis 15　胃があいてて…って、俺だけ？——92

一般的と観念的に思ってしまう商品も、
データ分析すると、地域分布があることがわかる。

Point　あなたの宇宙は小さい。——94

Chapter 4　人の心をデータから読む

◉データを活用するには言葉の「文脈」からストーリーを読む。

analysis 16　チビ太増殖か？一年中おでん三昧——98

固定概念に捕われない生の声をブログから得られる。
そこでは新市場や新ニーズを発見できる。

analysis 17　野球？サッカー？そしてワールドカップ—102

大イベントに便乗するメディア。しかしそれは短期的なものか、永続的なものか。真の数値に商機はある。

analysis 18　ブルガリアヨーグルトですが、何か？—108

常にささやきが流れる Twitter だが、ちょっとでも悪評が出回れば株価に影響する。企業がコントロールする時代だ。

analysis 19　市民が求めるもの当てゲーム——115

SNS を有利に活用する重要性を
収益源へのシナジー効果をフィルタ掛けして計る。

analysis 20　人は常においしい食を求めてさまよう—120

現代の最もポピュラーな調べ物は、実家の母でもなく、ママ友でもなく、Web だ。料理ナレッジの元を探り出す。

Point　ビッグデータの裏側の心境になる。——128

カバー装幀／関原直子　アライアンス、本文 DTP ／柿沼朱里

Chapter 1
ビッグデータで どんと来い！

オイシイところから
見たい人は 35 ページへ GO!

勘に頼るのはもうやめよう

下町の、おじいちゃんとおばあちゃんだけで経営してる八百屋さんみたいな小さい商店ならともかく、案外と上場企業レベルでも経営判断が“勘”っつー企業が多いんだよねぇ。
その現実を見たら、株主はあきれると思うなぁ。
私も 34 年間のビジネス歴でそんな企業をたくさん見て来た。

あれは去年だったかなー？ 某ビジネス番組にゲストで出演していた、面識がある社長さんが言ったのさ。
「僕はマーケティングは不要だと何度も言ってるんですよ」って。
思わず私ぁーイスからコケたよ（笑）。
なんで？どしてーっ!? それも“勘”かい。
ヒット商品も定番商品も出せてないのは、それが原因でしょ？

だいたい、今はカンタンに物が売れる時代じゃない。
「雨の日には傘が売れる」とか「海のそばでは浮き輪が売れる」ぐらいは、昔から変わらない消費行動。でも今は多くのシ ーンで販売動向が加速度をつけて変化してることを自覚すべき。

杉並区浜田山の商店街にある靴屋さんのおじいちゃんが言ってたなー。
「こんなに靴が置いてあるのに、なんで売れないんだ？」って。
戦後すぐの物不足の時代は、「あれば売れる」が通じた。
だけど、今は選択肢が膨大で、浜田山のそこに行かなくても

OK になっちゃったから、売れなくなったのだよ。
ゴム長メーカーでも似た例に遭遇したことがある。

時代は常に変化する。
しかも趣好の多様化、少子高齢化、情報の多面化が加わったから、数年前の勘は通じない。

販促手段としてのアドバタイジングだってそう。
店舗が個別に点在した時代は、その存在を知れるのは通りがかりの小さいパイに過ぎず、だからこそ看板広告も CM も効果はあった。
でもさー、その広告をみんなが展開したら、目立つ効果は埋もれてしまうっつーワケ。
広告代理店が昔に言ってた「２億円かけてどーんと！」とかの言葉にシナジー効果（ググる！）は、今は通じないな。空きだらけに激減した看板広告に、その証拠がある。

過去の経験から来る勘だけに頼るのはどーかな？

特に情報の多面化の加速度の速さ。
こいつが、さらに勘を錆びさせる。

おやじの勲章は今でも輝いているかい？

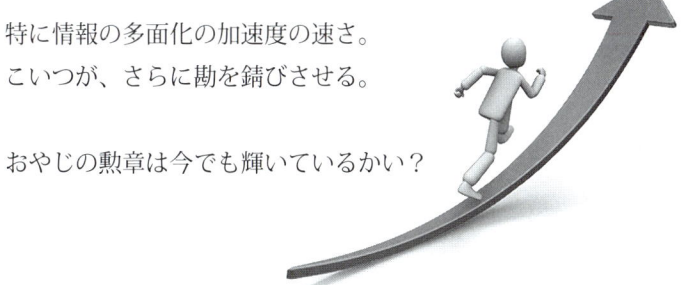

ビッグデータの活用なしに マーケティングは考えられない

あなたの情報源ってなにかなぁ？
テレビのニュースや情報バラエティ？ 新聞？ 口コミ？
それって、最新と確信してるのかな？ あれは遅いって気づいてるんじゃないかな？

今はフラゲ情報が、バリバリ走り回ってる。
2ちゃんねる、NAVERまとめ、ブログ、Youtube、Twitter、Facebook、LINE、ぐるなび、クックパッド。まだあるでしょ。
それに比べてTVや新聞は中間に多くの責任者が介在するから当然、遅くなる。
その点でデジタル・データは速い。F1とチャリの差。

情報の発信源は、テレビと新聞という遅いメディアより、ネットのほうが優位になったから、錆びた経験と遅いメディアから形成される“勘”は、ほぼほぼ役に立たない。

だってさー、たとえば、パズドラのユーザー数が2,900万人。
スマホの普及率が内閣府発表で全所帯の54.7%だから、合算すると日本人の4人に1人、スマホ・ユーザーの2人に1人がパズドラで今日も連鎖コロコロやってる時代。
こんな巨大メディアになるなんて、2012年2月にどれだけの人が想像 できた？

フジテレビ 2014 年の『HERO』初回視聴率 21% なんて、ちっこい。ちっこい。
さらに、「モバゲー」の DeNA が、プロ野球球団のオーナーになるなんて、5年前に誰が予想した？
あちこちの重厚長大企業がクラブチームを廃部する一方で、ケータイゲームの会社が年間維持費 40 ～ 50 億円を出せる余裕を持てるほどに成長するとは、コナミだってスクエニだって思いもよるまい。
球団オーナーなんて昔は国鉄とか南海とか近鉄とか鉄モノよ。

トヨタが『プリウス』を市場投入したのが、1997 年。
あの時、多くの人は「21 世紀に間に合いました。」のキャッチコピーを聞いても、ピンと来なかったんじゃないかな？
初年度の販売台数が 300 台だもの。まだ小さい一歩だった。
容量小さい割にお値段高いし、心のどこかでトヨタのプロモート程度だと思ってたんじゃないかな？
それが、エコ減税やらエコ・ポイントがきっかけで、ガンガン売れ始めて、気がついたらまわりはプリウスだらけ！
ホンダでも高性能のハイブリッド・カーを出しているのに、それでもプリウスがひとり勝ち。
2014 年 1 月の時点でグローバル累計 600 万台突破！
なんだかハイブリッドじゃないと恥ずかしい風潮になった。
この風潮を 7 年前にどれだけの人が予想できた？

テレビ局だって、1989 年までは VHF と UHF が視聴者を分け合っていたのに、WOWOW が登場し、スカパー！ も 1995 年に登場。2013 年時点で WOWOW 契約者数約 264 万人、スカパーが約 362 万人。それに Youtube やニコニコ動画が加わって、地上波が視聴率をとれなくて苦戦でしょ。
ニコニコ動画なんかスゴ過ぎで、日本の 20 代男性の 70% が正規会員になって、選挙戦のカギになるなんて想像できた？
消費者をとりまく環境は、確実に変わった。
そうした時代の変革を勘で予想するのなんて、無理ったら無理！
じゃぁ、どーする？ もう勘は効かないぞ。
微妙な変化や予兆を、見える化する手段が必要だって納得でしょ？
リアルタイムで増減する数値でとらえていくことが不可欠と考えていくと、マーケティングにもビッグデータが必要なのは明らか。

パソコンがまだスタンドアローンだった時代、各社がデータ分析のもとにしていたのは POS。
でも POS っつーのは、何の商品が何個売れたという事象は見えても、それは「買った」という結果しかとらえられない。
だいたい POS のデータは、在庫管理のために設計されているから、「売れた」「売れない」はとらえられても、『消費者の興味は把握できない』未発達な在庫データに過ぎないのよ。
そこで私がビッグデータ、とりわけ Google トレンドを重視しているのは、買う前の人も、買わなかった人も「買おうかな？」と思って調べたデータがそこに現れる点で優れているから。
それこそが消費者の「購買意識」であり、ポテンシャルまで計れるんだから、かーなーり使える！
国土が広い国ではネットショッピングが早くから浸透していたが、日本でも今は amazon や楽天、ヤフオク、ネットショップが主流になりつつある。
となると、そこには必ず検索行動があるでしょ？
その検索行動を計れば、消費者の「買いたいなー」「何か良いものはないかなー」「あのキャラのグッズないかなー」の変化の見える化ができる。
ぶっちゃけ、購買意識の発生を量と時系列、さらには地域別の法則性までも読み取って作戦が立てられるなら売る側や開発元、仕入れる側にとって絶対的に有利！

だからビッグデータはマーケティングを補正する強力なウェポンなのだ。

検索行動と購買意識の関係

ＩＴインフラが未整備だった時代までは、「物を買う」行動は、店舗での露出が基本でした。「あれを買おう」という意思型と、ウィンドウショッピングという出会い型の２タイプに分類され、売る側は宣伝と棚割りでアピールを行う手段しか販促方法しかありませんでした（**通称『店動説』**）。
ＩＴインフラが整備されたのは、2000 年代前半ごろじゃないかな？
マンションはＬＡＮコンセントが標準となり、次いで携帯電話からのショップアクセスが可能となって「ネットから買う」「ネットで事前に調べる」がスタンダード化したのもせいぜいこの 10 年ぐらいのこと（**通称『知動説』**）。
しかし、それが当たり前のことになって、ビッグデータが採取しやすくなったのも、また事実。データマイニングの視点から見れば、商品名のみならず、ブランドや、“かわいい”とか“赤い”など複合したニーズを検索データから読み取れるようになりました。また高額商品、フェラーリやカウンタックのような買えないものへも検索は行われるので、ソコを突いた関連商品企画の立案にもデータが役立つようになったんです。
ここに「検索データも消費者の購買意識を探れる有用なデータになった」といえるでしょ。ただし、今でもウィンドウショッピングで衝動買いがＦ１層を中心に存在するので、完全に絶対的なデータとは言い切れないのです。

スマホで使える ビッグデータ・オープンリソース

ビッグデータの一部はオープンリソースでネット上に公開されており、ブラウザー機能を持つ端末であれば誰でも利用できる。
ソフトウェアの世界ではよくあることなんだけど、機密にして独占できるものを、あえてオープンにすることによって自社以外の頭脳によって可能性を得られる。
Adobe 社製品などは個人プログラマーの考えたアプリを買い取って、自社製品の性能を向上させている。
ビッグデータ・オープンリソースでもそんなことが起きているんだろうね。便利な時代だ。
さらにはビッグデータアプリも登場してきたから、ますます誰でもビッグデータが利用できる。
もちろん会員登録なども一切不要。

その代表としておすすめなのが**『Google トレンド』**。
2008 年ごろには Insight for search という名称で密かに登場したんだけど、サンプル数も 4 年分と極めて少なく、なかなかダイナミックな分析ができず、また、2012 年までは CrossBridge（右コラム参照）を採用していたので、iPad でも iPhone でも閲覧できなかったのはイタかった。
PC でしかプレゼンできなかったからねー。
ところが 2012 年後半に Folsom（右コラム参照）対応になって、

iOS対応になったから、約10年分の検索データをiPadやスマホでも閲覧できるようになって、一気に活用範囲が広くなった。ポケットから出したスマホでサササッと課題のトレンドを比較できるようになった。

ググってもわからなかった方へ

▶ CrossBridge

第12世代Adobeインタラクティブ動画ファイル規格およびその製作ソフト。2012年12月4日公開。C/C++ から SWF へのコンパイラで、これで作られたファイルは、パソコン上では動作するが、iPhone、iPad などに装備されている iOS に対応していなかったため、空白画面しか表示されず、操作が不可能であった。

▶ Folsom

第13世代Adobeインタラクティブ動画ファイル規格およびその製作ソフト。『Folsom』はコードネームで、一般には『Flash Player 11.6』と呼ばれ、ここから iOS に対応した。
動画やカンタンなプログラムがスマホで利用できるようになったほか、iCloud と連動する利用もできるようになった。

武器はその手にある

実際、私もGoogleトレンドやリアルタイムをビジネスシーンで素早く判断するためのツールとして多用しています。

クライアントとの打合せ中に閃きが思い立った時に、サッと調べて、可能性を見る。
あるいはニーズの高い時期を特定する。

ふとインプットされた“売れてる”情報の裏づけを即、ゲット。
ベストツイートを入力して、売れそうな商品サービスをフライングゲットする。
なぁんてカッコイイ＆スマートな活動がスマホひとつでできるんだよ。
どう？ 興味は湧いて来たかな？
社会環境の動向が、過去10年分、日本のみならず世界各国の潜んだニーズのキャッチと予測という膨大な情報が、今、あなたの手の中にある。
使わない手はないでしょ？
ただーし！
そのデータを呼び出しただけじゃ、それは生データでしかなくて、本質を読み解くには、それ相応のテクニックとセンスが必要。
そのテクを自在にこなせるようになった時、あなたはデータサイエンティストに近づく。
21世紀で最もセクシーな職業と言われているソレになれる。

使えるサイトとアプリ

私のイチオシはブラウザからアクセスできる**『Google トレンド』**。これはイイ！

もうひとつのお薦めは、2012 年 10 月から Yahoo Japan が配信開始した Twitter と Facebook 情報を得られるスマホ・アプリ**『リアルタイム』**（次ページの画面参照）。

PC から Yahoo Japan のトップページを見ると、検索欄の上に『リアルタイム』という項目が増えたことに気づかれていた方もいるんじゃないかな？

アレがまんま、スマホにローカライズされたと考えていい。

アプリもＰＣでのリアルタイム検索も、使い方次第でかなり強力なビッグデータ分析の武器になります。

ブログのビッグデータは**『kizasi .jp』**も便利なんだけど、こちらはスマホに非対応。ただ消費者の声はつかめます。

だいたいこの３つのリソースをマテリアルにして、消費者意識の変動はかなり高度に分析が可能。

ただし、ビッグデータは広義ではペーパーメディアや各種センサーなど、いかなる集計方法も含まれる。

データサイエンティストは増えないものの、テクノロジーだけは毎日と言っていいほど開発が進んでいるんだから、もしかしたらこの本が出版された時には、さらに有効なリソースが公開されているかもしれないね。

私も全力でお届けしているけど、あなたがスマホで得られる良質のアプリなど見つけたら教えてちょ！いや、マジで。

Googleトレンドとリアルタイムの画面

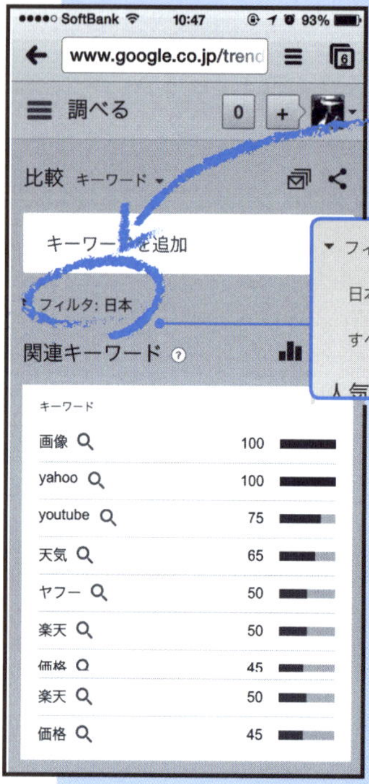

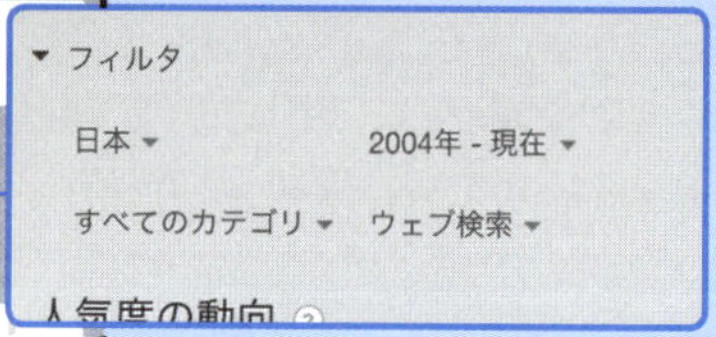

Googleトレンド

http://www.google.co.jp/trends/

ここをタップすると詳細データ採取が可能。

リアルタイム(無料)

iTune Store、Google Playよりダウンロードが可 能。TwitterとFaceBookの過去30日 間のデータ採取が可能。

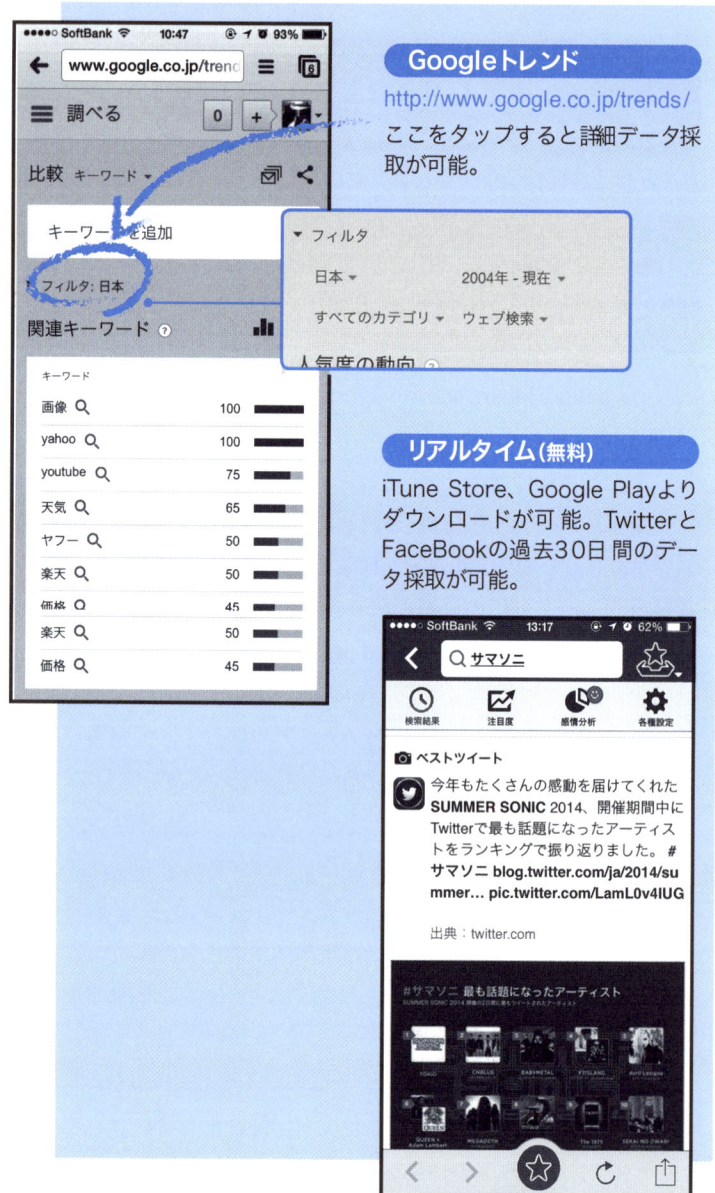

活用はビジネスから福祉まで

今、この本をあなたが読んでいる現在も、外資大手の cloudera 株式会社（ググって）からベンチャー IT 企業まで、ビッグデータの中から、「ビジネスに使えるデータ」を探そうと、数多くのビッグデータ関連企業が奮闘している。
それはアルゴリズムであったり、ポイントカードデータであったり、センサーであったり、データの収集と分析の手段はさまざま。
どーあれ、目指すは「人間に近いところにあるデータ」をとらえようとしていること。

人間に近いところとは、たとえば GPS 搭載型ケータイや、電子マネー、車載 GPS、防犯カメラ、M2M（これもググって）、果ては体温感知センサーなど、日進月歩の状態で、まだ未成熟期ですな。どの企業もトップシェア奪取に必死。

T カードはすでにビデオレンタルを越えてコンビニやファミレス、Yahoo! Japan に SoftBank から薬局までに、ポイント集めをエサにしてデータを収集＆分析してこの手のビジネス展開をしているんだけど、最近、気になるのは KDDI が本格的にやりだした『au WALLET』。
ケータイとカードの双方向からデータを徹底的にとろうという戦略なんじゃないかな？あれは。こっちもポイントをエサに。
ほかにも、データの収集テクニックは「朝、目を覚ましたら新テクノロジーがひとつは登場してる」って感じ。
でも「誰があそこで何を買った」「どこをどう通って行った」といったデータだけで終わっちゃぁ、あんまり価値がない。
たとえば最近、フジテレビの番組『バイキング』が、Yahoo!検索ランキングを取り入れて「今日話題になってるブツはこれでーす！さっそくスタジオに持って来ましたー！」で、ガヤが「へぇー！すげー！」みたいなことをしてるんだけど「ハイ！終わりっ」って感じで、まぁ、バラエティだからそんなもので良いのかもしれないけど、ビジネスとしてはイカんね。アレは。
そこから何にも広がらない。番組のコンテンツ向上に連携するとか思いつかなかったのかな？
地上波メディアのビッグデータの扱いはこの程度だから、あんまり参考にならないよ。
もっと良質のビッグデータ紹介はできないのかな？
NHKの震災ビッグデータも、結果ばかり強調され過ぎていて、「じゃぁ、どうする？」は提示されないんだな。
みんな、まだ受け身。
活用でしょ。重要なのは。
あ。ちょっとクレーマーちっくになってしまいました。ごめんなさい。
でもね、あなたに伝えたいのは、ビッグデータの数字に右往左往されないで欲しいってことなのね。
ビッグデータは、データをちゃんと分析して、これからのアクション提案に結びつけないと意味がないって話。
データの収集があって、可視化があって、他データとの結合があって、それを読み解いて答えを導きだすところに意義がある。
そう。それがビッグデータのメイン・フレームだ。

複数のデータを使って答えを出せるかが鍵

ビッグデータを「個人情報収集業」と勘違いしている人が多いのは残念な現実。
だけどそれは間違いだと強く否定しておく。
要は「何が起きていて、どこへ行こうとしているのか」を考察する頭脳とテクニックを身につけること。
ガヤになっちゃいかんぜー。
あるデータ出力結果について、「なぜそうなったか？」というストーリーを探していくこと。
そのためには、ひとつのデータを見て判断するんじゃなく、結果に関連する複数のデータとの連動や統合が必要になってくる。

良い例がスウェーデンにある。
職場と病院と医薬局のデータが相互にビッグデータで繋がっていて、病気のために長時間働けない人にどうやって新薬を投与するか、コストの計算をしている。
コストをかけても正常に労働できるようになれば、政府としても税収の向上が期待できるわけ。
このシステムを構築しているのもビッグデータ。
つまりさ、ビジネスでビッグデータを活かすにはデータ自体はただの数字なんだから、そこからなぜ、そのデータが発生しているかということを深く考えながら探すことと、課題に対して、どこのデータとどこのデータを繋げれば有効に使えるかっつーことを、いかに自分流にアレンジしていくかが、これから必要になってくるのよ。
そこができてないからこの業界はまだ未成熟。
ビッグデータを成熟させていくにはデータサイエンティストの人口を増やし、いろいろな業界で通用するセンスを磨いていくことが大切っ！
まーだ、そこを理解してない人が多い。

ほらさ、
「これ何ぃー？」「あれ何ぃー？」ばかり言ってる子どもっているじゃない？
ふつうの大人はそれをテキトーにかわしてごまかしちゃうんだけど、本当はそういう子どもの未来にデータサイエンティストのポテンシャルがあると思うな。
疑問意識。
追求力。
情報リテラシー。
とにかく考え抜く頭脳。
それが21世紀を発展させるキーワードだ。

無理？
いや、例えば円周率なんかは紀元前からかなりの精度で関数を導いた人はいたし、宇宙ってなんだ？って追求したパイオニアは2000年以上前からいたんだぜ。
現代人がその先輩より思考停止してどーすんのよ？

ビッグデータは楽しいものだよ。

ストーリーを読み解けば モノの売れ方を関数化できる！

昔から「風が吹けば桶屋が儲かる」ってことわざがあるけど、知ってるかな？
科学的に言い換えれば『バタフライ効果』。
ビッグデータ分析をしていると、これが感覚的に分かってくる。
ある物の注目度が上がるとき、年単位、月単位、日単位で法則性があることがわかり、Ａという事柄がやってきたからＢが起きるという流れがつかめた時が、ビッグデータ分析で一番の醍醐味！

「ダイエット」という言葉は、夜の 10 時からツイートされる量が増える＝夜食の誘惑と戦っている!?「書籍」という言葉が一番ツイートされるのは午前０時＝寝る前に読む本が欲しいと思う人が多い！？という風に、そこにはちゃんと背景がある。
そうした具体例を広げて繋いでいくと、人間の丸１日のストーリーができて、拡大していくとそれが年単位でどういう風に変わっていくのか？何がトリガーで上がり、何がトリガーで下がるのかも、突き詰めれば関数に置き換えられちゃう。
私の目先の目標は、もっと感性的な商品、ミュージックであるとか、マンガであるとかすべての物の売れ方を関数にすることだな。
その関数の中に、どこに軸を置くかで誤差が出るわけだけど、極端な話でいえば、ヒット曲やヒット商品、マンガのベストセラーなどエンターテイメントもデータ分析から作ることができるんじゃないだろうか？という野望を目論んでるっすよ。

そのベースにあるのは、えーっと、知ってるかなー？今 和次郎（こん わじろう）が提唱した『考現学』。
こんなことを言っているデータサイエンティストは、たぶん私だけだと思うんだけどね。
今 和次郎は手作業で、足も（！）使って銀座に集まる人の行動を統計化しようとしたその関心力！昭和２年の話でっ せ。
手間はかかったけど、偉大な功績だと思う。その今 和次郎がいまのＰＣを手に入れていたら、さらに学問にまで発展していたんじゃないだろーか？

メディアがビッグデータについて話題にする時「データ容量が1.8ＺＢ、つまり１兆８千億の１０億倍ってすんごい大きい単位なんですよぉ」とかの話でも「カーナビのデータでどこに車が集まっているかわかる」という話でもないと私は叫ぶ！
私はあくまでも 2014 年の今のことについて書いてるんだけど、87 年も昔からビッグデータの概念について考えている人がいたんだよ！すごくない？

POINT 勘に頼るオピニオンはもうやめよう。

人間はイメージで動いている動物である。
一度成功すると、二度目もあるとイメージしてしまう習性があり、失敗しても学習しない傾向がある。
良い例がプロ野球で日本一を手に入れたチームが翌年ガタ落ちするケースを多々見かける。シーズン中の負けを忘れるからだ。
これを『楽観バイアス』と言う。
時間は前にしか進まない。よって社会環境、経済事情、経年劣化、多様化など多くの要因によって場は変化する。
それを事前に察知し、予測することは勘ではとらえられない。
そこでビッグデータ分析が効果を発揮する。
データには思いもよらない「気づき」があり、その「気づき」を理解し、取り入れることによって、近未来であった今を見つけることができる。
また法則性をとらえることに成功すれば、計画的な安定を生成できるのである。
ビッグデータは今や日本国民の 54.7% が所有しているスマートフォンで引き出すことができる。
ビジネス、地域振興など未来へしか向かわない行動には、このビッグデータの分析が効果的であり、リスクヘッジに強力な後方支援となるのである。

ANALYSIS 1

USJがハリポタに決めたワケ

投資に値するコンテンツ力を見える化し
収益源へのシナジー効果をフィルタ掛けして計る。

2012年から日テレ系でハリー・ポッター旧作放映や、本国で稼働しているハリポタ・エリアの紹介番組、ＣＦ大量投入にかなりの投資で勝負をかけたユニバーサル・スタジオ・ジャパン。その効果は絶大で2014年7月15日にグランド・オープン！その週は民放各局の情報番組、ニュースまでUSJ一色！アテンダンスも7月では過去最大の87万人っ！ 大好調！やったね！アトラクションが発表された時、私的には「え？今さらハリポタなの？」とか、「当時のグッズは売れてなかったなー。大丈夫？USJ」とか思ってました。なにせ元職場だから、気にならないわけがない。USJの売れ筋キャラと言えば、スヌーピーとセサミと スパイダーマンでしょ？ジョーズとかジュラシックパークとかもう死にコンだしなー。と、思って調べてみた。

ハリーポッター、スヌーピー、セサミストリート、スパイダーマン 検索動向推移　2004年〜2013年

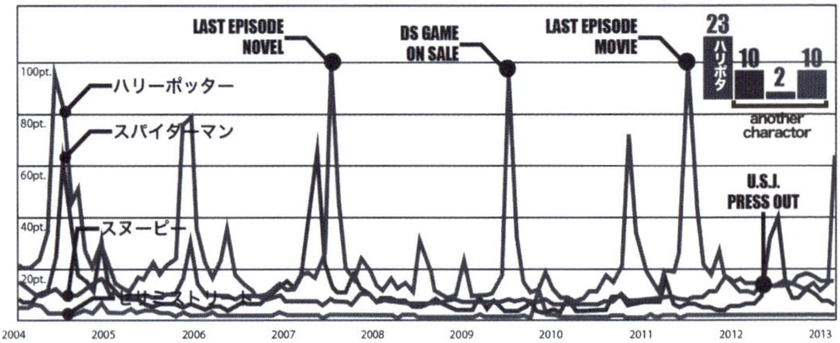

なんと！これまでのUSJ売れ筋コンテンツを上回るパワーをハリポタは持っているんだな。
確かに過去の新作パワーの方がもっとすごい。
しかし、他のコンテンツにこんなピークを示すチャンスはなかった。
その一点だけ見ても、ハリポタ導入の価値はあるわな。

しかもこの数ヶ月のＴＶアタックが効果を現して、人気度再燃を示して来た！
旧作放映２年またぎで攻める！引っ張る価値もあり。USJのナイス・ジャッジと見る。
オープニングにピークを持ってくればアテンダンスは大いに期待できる！

テーマパークの収入源は大きく分けて３系統から成り立つ。

①入場料、駐車場料、その他 年間パス、エクスプレスパス等
②パートナー企業からの提携投資
③物販、飲食など小売り上げ

アテンダンスの増加は確実に上がると容易に推測できる。
①はヨシ！
ハリポタ・アトラクションに投資する企業は自社の販促にハリポタを使える！ シナジー効果も期待大！だから②もヨシ！
スゴいじゃないか！ハリポタ導入。
2014年夏休みの予約状況は既に前年の６倍で推移。８月の入場者数は１３０万人と単月で過去最高となったのも、あー、納得。
４５０億円の投資意義はあった。

ナイス決断です！ガンペル社長！
ただなぁ。物販だけは心配するなー。
ハリポタが日本初上陸の時の銀座三越とか、物販は惨憺たる状況の印象がある。大丈夫かー？ 結局、お菓子とクリアファイル中心だろうか。
ショッピングカテゴリーに絞る。すると、ぐっとハリポタの購買人気が平均値よりドカンと下回るから危機感を感じる。

ハリーポッター、ショッピングカテゴリー検索動向推移 2004年～2013年

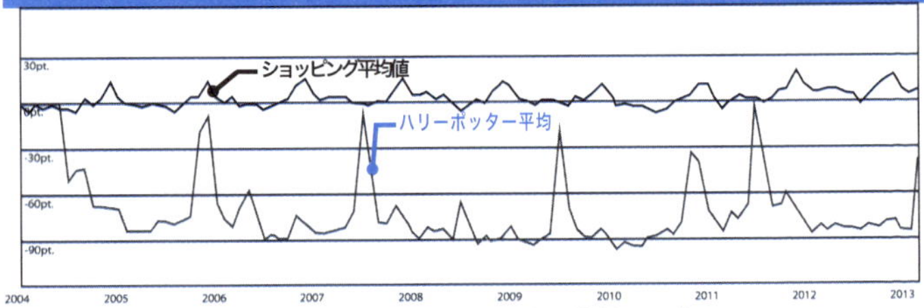

売れ筋はレゴとDVDと本ですかー。
ハリポタはコンテンツだけしか強力な牽引力がないのが明確になってしまう。
テーマパークのおみやげとしてはどれも当てはまらないのが、惜しい！
この新アトラクション導入で成果が期待しにくい物販部。

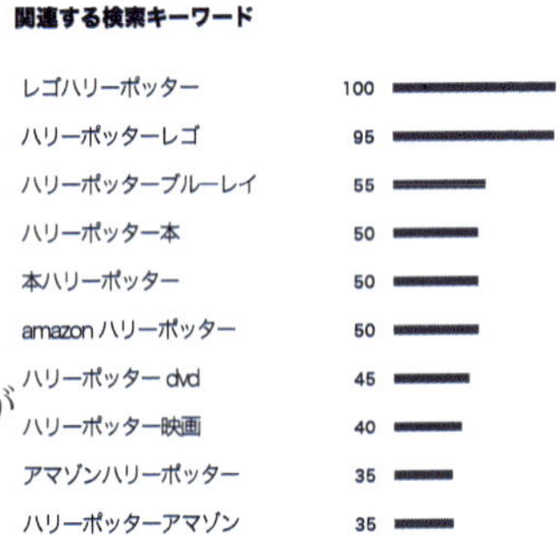

映画にも出てきた変味キャンデーとか、魔法の杖を売る店はエンタ性が高いから 初期の好成績は期待できるものの、合わせて 6 店舗も物販店を設計して大丈夫か!?
なんとか知恵を使ってがんばって欲しいぞ！ 当時の私の部下たちよ！

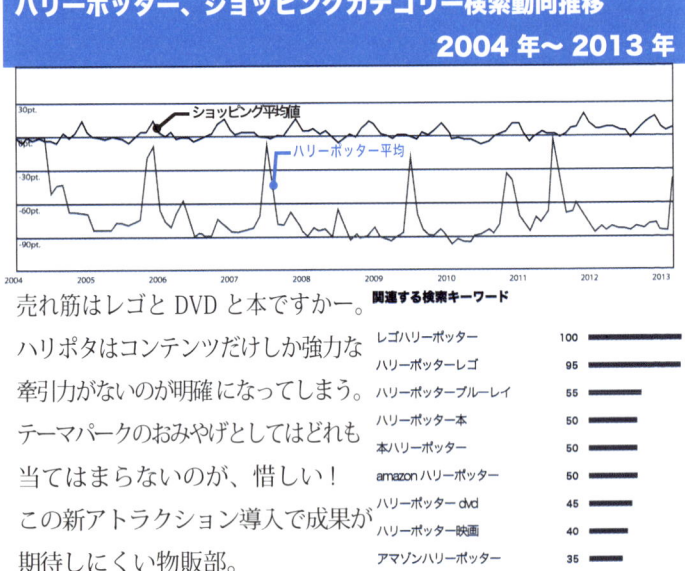

Chapter 2
時間軸からデータを読む

分析の第一歩は時間軸に沿っての量の増減を見る。

まずはウォーミングアップ。
スマホでYahoo! の『リアルタイム』を起動して何か検索してみましょう。
何をテーマにしましょうかねぇ。んー。
画面上部の「リアルタイム検索」と示されているウィンドウをタップして入力モードにし、まぁ、みんな大好き「カレー」を入力してみましょうか。するとGoogle検索と同じく、検索サジェストが出現します。「カレー甲子園」「カレー」「カレーは飲み物」「カレー 翔」とか。その中から『カレー』をタップ。
するとまずは『検索結果』が表示されます。
んー。ベストツイートが見えますねぇ。
画面上から二段目に『検索結果』『注目度』『感情分析』『各種設定』のアイコンが並びます。ここで『注目度』をタップ。
それが過去24時間の『カレー』ツイート量の変化が折れ線グラフで表示されます。
どんな形を していますか？グラフには山が2つあるでしょ。
山の頂点になっているのは？時間帯をフォーカスできる丸いスライダーでその山にフォーカスを合わせると、件数と時間が表示されます。お昼の12時にはだいたい4,000ツイート、20時は7,500ツイートと、「ランチタイムに最初の山、そして夕飯時には対ランチ時の約187%『カレー』についてツイートする傾向がある」と、まずはざっくり言えますな。
たまたまこの日がそうだっただけなのか？
確かめるためにグラフの上にある「7 日間」をタップします。
ん！１週間単位で見ても､同じフラクタルを形成していますね。
朝起きる。じわじわとカレーが気になって来る。
そしてランチタイムにカレーと決める。
ツイートを読み込んで行くと「昼はカレーにしとけば良かったなぁ」
などと、食べ損なった未練が続き、夕飯は「バンザーイ！」モノのお家カレー登場と来る。外食のカレーより自宅のカレーの方が 1.87 倍おいしい！とゆー、カレー好きのカレーライフが見えて来るでしょ。
これが日本のカレー・ストーリー。
このストーリーは、ビッグデータをもとにした根拠のあるもの。
つまりこの行動心理を読み解いたあなたはビッグデータの分析第一歩を踏み出したワケ。おぉ！
もう一度グラフを見てください。どうやってこのグラフを読み取りました？グラフの縦軸はつぶやきの数です。そして横軸は時間。この時間軸に沿って数がいかに増減していくかを調べることが、分析の基本と覚えてください。
面白いことに、人間は１日、１週間、１ヶ月、１年といったループをベースに、生活心理のフラクタルを形成しています。お正月とその終わり、入学＆入社タイミング、防寒の終わり、夏期帰省と年末休暇、夏休み、運動会、レジャータイミングにクリスマスと、ある種のトリガーによって行動心理モーションを見出せます。チャプター２では、まず基本としてグラフの横軸＝時間を基準の単位として考え、ビッグデータ分析をしていきます！

ANALYSIS 2

夜 10 時、ダイエットは襲って来る

パブリシティを連射してもコストばかりで効果薄。
消費者ニーズのベストタイミングを時系列で探る。

人類永遠の悩みの種。 お金が欲しい。大きい家が欲しい。不老長寿でいたい。増毛したい。スリムでいたい。
特にこのスリムでいたい = ダイエットは先進諸国女性の永遠のセツジツな課題だ。
一見細身に見える私も、やっぱダイエット情報は気になる。
さて、ダイエットとは、みんなはどんなタイミングで気にしてるんだろうか？
24 時間、安眠中も考えてるわけじゃないし、忘れて食べちゃって「あっ！」って時もある。そこをビッグデータで探るとしよう。
まずは大枠から、この 10 年間でどんな変化があったか？これは検索量から調べてみる。

「ダイエットワード」検索量の変化
2004 年 1 月～ 2014 年 2 月

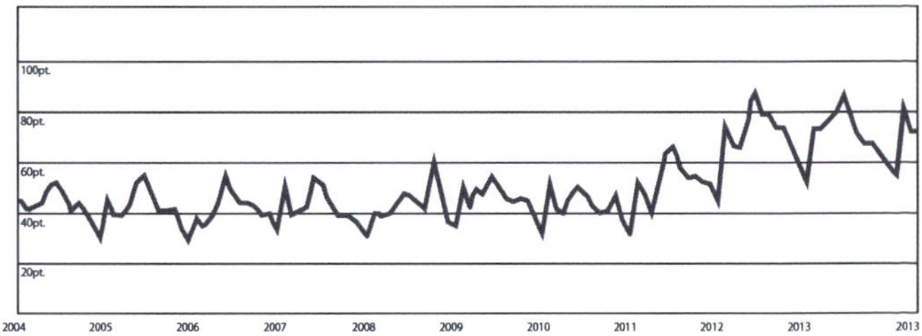

これを見ると、2011 年以降の上昇も気になる。

んが、法則性の観点から最も注目すべきは、年またぎのタイミングで降下 し、直後の上昇、さらに夏期 のピークを経て、また年またぎ頃には最低に降下する点。この規則性のあるフラクタルこそが、「ダイエット」ニーズを探索する土台となる。

なんだろう？

春先と夏の増加。 夏にダイエットの関心が上がるのは、誰でもだいたい想像つくよね？薄着だし、水着も着るし、ちょっとでも体重を落としたい乙女ゴコロ。

しかし、これは想像の域を超えない。まったくもって論理的ではない。「夏だからだろー ?」で会議を進めてしまうと、勘に依存したマーケティングもどき会議に突入してし まう。

「ダイエット」をとらえたフラクタルを、ブログ・ビッグデータを使ってワードに分解していかなければ、本質が見えてこない。ここはやむないが、ＰＣを起動して、『kizasi.jp』で、フォークソノミー（ググってちょ！）を使って、内容を探ってみよう。あ。Kizashi.jp の URL は http://kizasi.jp/labo/topics.py　です。

「ダイエット」ワード、ブログ量の変化
2013年1月22日～2014年1月21日

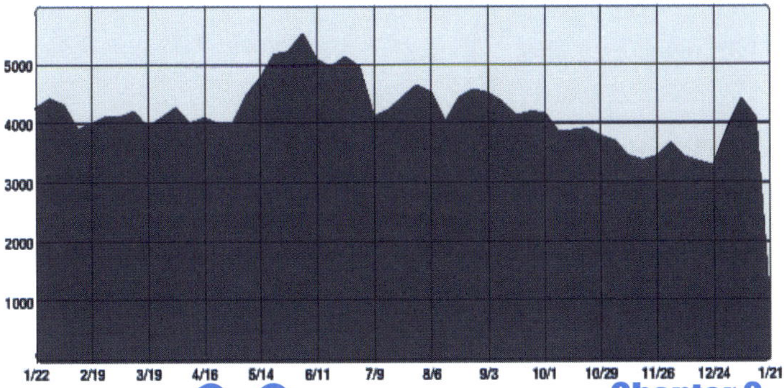

「ダイエット」ワード、ブログ ピーク順位とキーワード
2013年1月22日～2014年1月21日

上記グラフの各期間内で「ダイエット」をテーマに話題になった言葉

日付	順位	頻度	キーワード				
2013/06/03	1	5529	やり方	ダイエット旅行	キャンプビール	ダイエット脂肪吸引	ボーナス商戦
2013/06/24	2	5135	ダイエット旅行	キャンプビール	ボーナス商戦	天神祭	丑
2013/07/29	3	4648	酵素ドリンク	ベジデーツ	耳つぼダイエット	ダイエットアイテム	ダイエット食
2013/08/26	4	4574	メディキュット	スパッツ・ソックス・レギンス	断食ダイエット	中性脂肪ダイエット	ダイエットウェア
2013/01/28	5	4428	ダイエット韓方	低炭水化物ダイエット	ダイエッとらンキング	薬材	基礎代謝
2014/01/06	6	4404	つぼダイエット	バストＨカップ	グルテンフリーダイエット	エステ	踏み台昇降ダイエット
2013/04/01	7	4275	ｎｅｔ返信	Ａ８	ＸｍｅＺＢｖ	血液サラサラ	ＸＩＥＸ８ｊ
2013/03/11	8	4210	ｎｅｔ返信	Ａ８	こつばんダイエット	食物繊維	Ｘｈｄ０ｈＬ
2013/09/23	9	4193	ｂｒ	１７病気糖尿病4	バストＨカップ	６０以上	Ａｋｉ
2013/02/25	10	4125	Ａｐｉ返信	Ｔｗｉｔｔ	Ｘｈｄ０ｈＬ	骨盤ダイエット	ｇｈＦｉｌ

ブログに最も「ダイエット」という言葉が登場するのが 6 月 3 日で、5,529 エントリー。他にも上位 4 位までが夏周辺に集中する事象は先ほどの検索Googleトレンドのデータと合致する。
関連キーワードとして紐づいているのは、6 月 3 日という夏本番直前に、ボーナスを見込んだ「脂肪吸引」大作戦！
脂肪吸引、痛いっすよー！ いや、マジで←経験者
だけど、即効性に期待が持てる脂肪吸引。ボーナスでソッコー痩せを目指す OL のお金の使い道が見えるでしょ。この勢いは 24 日まで続いてる。
夏本番に入った 7 月 29 日と 8 月 26 日は、あらゆるダイエット作戦が炸裂しています。「酵素ドリンク (ベジデーツは商品名)」「耳つぼダイエット」「ダイエットアイテム」「ダイエット食」「メディキュット」「レギンス」「断食」などなど、アクセル 全開で痩せに必死の模様。間に合うのか！？夏の終わりまで に？
夏の火遊びはどーなったっ！ この期間が夏場にダイエットへの関心がピークになるとき。

謎だった年明け早々の小ピークは 1 月 6 日と 28 日。
これはズバリ、おせち太りの巻き返しですな。わかる。わか る。食っちゃ寝だもんね。「つぼダイエット」「踏み台昇降ダイ エット」など安上がりにできるダイエットがこの時期の特徴。
帰省の交通費やおせち料理、お年玉などの出費で、ちょっとおサイフ事情が厳しいダイエッターの姿が見えます。

これらのキーワードの出現時期とキーワードを総括すると、次ページのポイントが言えます。

- 夏のボーナス前に高額かつ即効力のあるダイエット提案はニーズが高い
- 夏本番は服用系のダイエット提案が効果が大きい。“着るだけ”アイテムも同様
- お正月過ぎもダイエット商戦の狙いどころ。低予算で叶うダイエット提案を行うと効果大
- 年間通して見ると「コレ！」といった決定的ダイエット商材は存在しない。だから市場は長生きである

これだけのことは読み取れる。

読み取れたはいいが、さて、それを1日の中でいつダイエット商材のプロモートを投入すれば良いのか？
1日中だらだら流したって予算がかさむだけ。ピンポイントで訴求した方が、費用対効果はいいハズ。 これを判断するには、ツイッターのビッグデータが役に立つ。 検索よりも、ブログよりも、リアルタイム性が高いからだ。『リアルタイム』起動。

「ダイエット」ワード、ツイッター量の変化
2014年2月9日0時～2014年2月15日0時

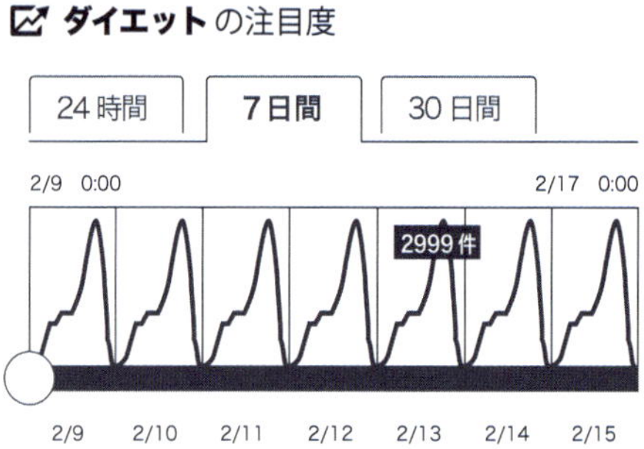

ツイッターにおけるダイエットのつぶやきが、完全なフラクタルになっている！
これは驚異的なことで、他のワードでは曜日によって変化したり、瞬発的な非フラクタルな場合が多い。
その中でのこの安定感。
１日の最初のピークは 12 時からの 1 時間。「ランチをどーしよーか？」のタイミング。そりゃ、カロリー気になりますな。
そしてつぶやく。
最大のピークは 22 時ピッタリ！ 量も 12 時の約 200%！
（ピーク値は冬期で約 3,000tw.、夏期で約 4,200tw.）
これは「20 時以降の夜食は肥満の原因」という、ダイエットに関心のある人にとっての常識だからだ。「食べたい」「でもヤバい」そんな葛藤をツイッターにぶつけているのだ。
ココよ！ ココ。
このタイミングでダイエット商品を宣伝すると効果テキメンだ。
特に「寝ながら痩せる」とか言っちゃえば、そりゃ響くわ。
なにせカロリー気にして食べるのをガマンしているタイミングだからね。
ダイエット食品を調べると「夜なんとか」みたいな商品名が多いのはここに秘密がある。ただ残念なのは、販促活動をテレビに絞っている点だ。Twitter ユーザーが多いのに、販促をその中に情報を投入しないのはロスでしょ。

・昼 12 時、夜 22 時にツイッターへダイエット食品情報を投下すると、拡散は確実。受注も大いに期待できる。

と、まぁ、ダイエット商品ビジネスのチャンスを 10 年単位か ら１日単位まで追いつめてみたワケだけど、本当のところ、医学的には決定的なダイエット方法は確定できないんだって。
それは、人間の体質に個人差があって、「水を飲んでも太る人」から「焼肉満腹でも太らない人」まで多様だから、決定打はないっつー、このムジュン。
ダイエットに関する口コミサイトのアクセスも高い傾向にあるけど、そのどれが自分に合ったダイエット法なんて有識者のアドバイスでも受けない限り、ずっと不明。
ダイエット方法の NAVER まとめなんか見てると、スゴい！
・水中ウォーキングダイエット
・逆立ちダイエット
・空気を吸うだけダイエット
・一人芝居で少食のキャラクターになりきる、「なりきりダイエット」
・メープルシロップダイエット
・ベビーフードダイエット
・キムチダイエット
まーだまだ、それっぽいテクから怪しいものまでバリ存在する。
でも、確立されたダイエット方法はいまだにないのが現実。
2000 年頃はバシバシ盛り上がったセルライトだって、医学関係文献データベース「PubMed」で『そのような特別な脂肪は存在しないことが確認』とされており、疑似科学の部類に入ってしまった。
あー。アレも私ぁ一試したんだけどねぇ。しっかりリバウンドした。
定性の理論じゃないが、ニーズは高い魔法の存在。
だからこそ、ダイエット・ビジネスは永遠に不滅な、人間の煩悩ビジネスなんだな。

ANALYSIS 3

目に入れても痛くないランドセル

消費者ニーズは我々の思いもよらない時点に発生する。時代の変化でできた新しいポイントを発見しよう。

どこの家庭でもおじいちゃん、おばあちゃんにとって、孫はかわいくてたまらないもの。

少子高齢化だからなおさら、この思いが熱くなる。

実家が離れている孫と会えるタイミングはいつか？

日本ではやっぱ、お盆とお正月でしょー。

近年、そこに商機が生まれ、成長しつつあるのだよ。

その様子が明確にわかるのが、「ランドセル」の検索行動。

Google トレンドで 1 年単位の推移を見てみましょー。

特に明確に現れているのが 2007 年。

ランドセル検索量の変化　2007 年

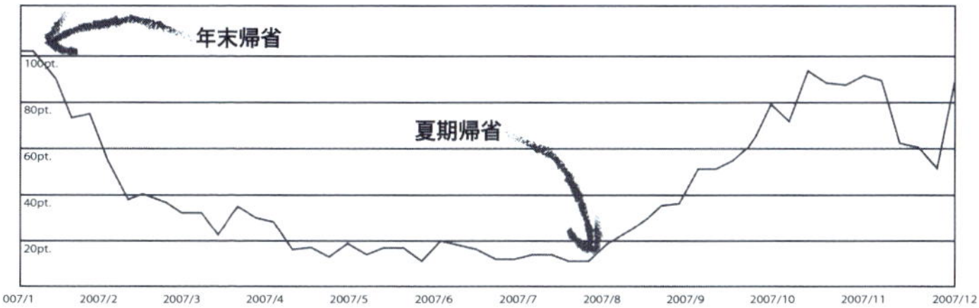

そこまで最大でも 20pt. だった興味が 8 月中旬に入ると急上昇を開始！ 12 月までに 90pt. までピークを迎えています。

この推移から推測するに、帰省したときにおじいさんからキッチリ「ランドセルはもう買ったのか？」とパパやママがハッパをかけられたから上昇した、と考えて間違いない。

土屋鞄やイオンなどでは、人気のあるデザインのものはすぐになくなってしまうから、秋に入る前に急いで注文している。

資金源はおじいちゃん、おばあちゃんだから、予算に心配はありません。遠慮なく最高品質のランドセルを大人買い！
このピークも 12 月に入ると小休止を迎えます。
目先のクリス マスプレゼントに関心が移行。
ところがクリスマスが終わったナイスなタイミングで、年末の帰省があるんですな。
ここでまた、おじいちゃんからの一喝ですよ。「まだランドセル買っとらんのか！」
この年末年始のタイミングが「ランドセル」への関心の最大のピーク。ここを越えれば静かに新学期を待つだけですな。
おっとどっこい、新学期の直後に小さいピークがある！ これはなんでしょう？
多分、新学期が始まり周りの新入生を見ると、グレードの高いランドセルを持ってる、と気づいて買い替えようと思った親たちが検索しているんでしょう。

たかがランドセル、されどランドセル。

特におじいちゃん、おばあちゃんの一喝が、検索行動に大きな影響を与えています。
しかしこのランドセル商戦も、年々変化しています。
テレビを見ていると気づくのですが、ランドセルのコマーシャルの投入タイミングが、各社ともそろって前倒しになる傾向がある。
2013年に計測すると上昇を開始するのが6月から。
9月にはピークを迎え、以降は下降気味になっていく。
ベネッセの個人情報流出であなたも知った、子ども情報の価値。
子どもニーズを他社に先んじて押さえなければ、遅れをとる。
ましてや、一人の子どもにランドセル商機は1回だけ。
企業も早めのアドバタイジングで、先取りに必死。

早め早めに準備しておけば、パパさん、ママさんも実家で一喝されることはないっすね。

さて、このお盆＋孫の関係は今年には巷で『盆玉』と呼ばれるようになって、私は「あー。みんなも気づいちゃったか」と思うんだけど、ここはオマケで『盆玉需要』をもうひとつ教えてあげましょー。
ランドセルのニーズ上昇トリガーの約1カ月前に、ピークを持つ商材が存在するのですよ。
それはデンマークからやってくる！ ブロック玩具の『レゴ』。
この構成玩具で世界シェアトップの存在がドン！と来る。

おもちゃ全般ではなくレゴ。
やっぱり知育性のあるものを孫に与えたいだろうし、第一、流行り物はお年寄りに情報が来ないから、プレゼントした時の孫の笑顔を想像しにくい。
大昔だったら積木というところを、今はレゴ。
おじいちゃんにとってはかなりガンバってます！

ランドセル、レゴの検索量変化　2004年〜2011年

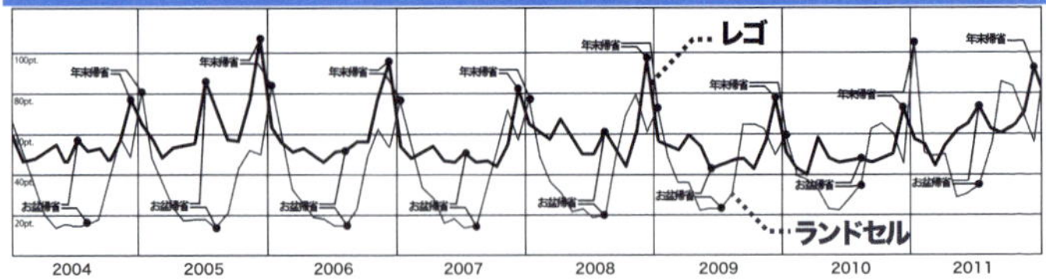

どうだろう？ 盆玉タイミングのランドセルのほぼ１カ月前にレゴがニーズのピークを迎えている法則性が確実に見て取れるでしょう。

お盆の本来の意義は仏教の教義で、祖先の霊を祀る行事だったはずが、少子高齢化を背景におじいちゃん、おばあちゃんと孫を結びつけるセールス・ポイントになっちゃったのね。
まぁ、神事はともかく、おじいちゃんが喜んでくれる日になったのなら、それもヨシか。
日本自体が人口減少にある今、せめて年に２回はランドセルやレゴを通じて心を通わしてハッピーをお裾分けっ！

これまでに盆玉ニーズはこの２アイテムしか確認していないが、まだまだ動いている商品があるかもしれないね。
キーワードはおじいちゃんと孫をつなぐアイテム。
例えばベビー用品もあるかもしれないし、大きい孫なら初ケータイなんてアイテムも動いているのかもしれない。
カラオケなどはここにハマっているので、後のチャプターで説明しますね。
そこら辺はあなたが周囲の情報収集をして仮説を立てて、Google トレンドで試してみるといいんじゃないかな。

ANALYSIS 4

もはや日本文化のキャラ弁

フラクタルを持った商品には、なにがしらかの相関関係がある可能性が高い。その関係性を発見する。

キャラ弁。日常会話ではもう、ふつうに通じる言葉。
でもそれって、いつ普及したんだろう？
Wiki ってみればこんな感じにその起源が示されてる。

日本国内のキャラ弁事情（以下、Wikipedia より引用）

ブログ

2003 年 7 月に千葉県在住の主婦、ハンドルネーム「ちびぶー」が、「お絵かきお弁当」を発表するサイトを開設。自らの作品を発表する傍ら投稿コーナーを設けたことから、主婦がキャラ弁作品を発表するようになる。
本格的なキャラ弁ブームとなったのは、栃木県在住の主婦ハンドルネーム「霞ん」が 2005 年 4 月に開設したブログであるとされる。

出版

2005 年 10 月にハンドルネーム「まい」の『キャラ弁ごっこ』、宮澤真理の『おいしいお絵かきお弁当』、その後も他の著者による『愛のギャク弁』(2006 年 2 月)、『お弁当アートの作り方』(2006 年 6 月) などが続けて出版された。(中略)

テレビ

テレビ東京「ロンブーの怪傑！ トリックスター」において、

キャラ弁を扱ったクイズコーナー「トリックキャラ弁」が2007年8月～2009年2月の間、放映された(以降略)。

あー！そうだそうだ。
たしかにロンブーの番組で見たのが、私の最初だったなぁ。
2006年の春に一度インパクトが起きた後、翌年の春から大爆発を開始した。

私にはひとつの持論があります。
ヒットする商品は、何も起きなかった流れの中に一度ピークが来て、そして去る。
その6カ月から8カ月後に本格的に波がどどっとやってくる。

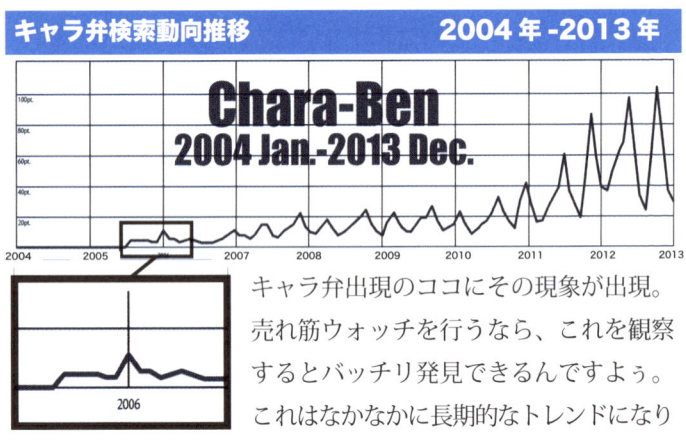

キャラ弁検索動向推移　　2004年-2013年

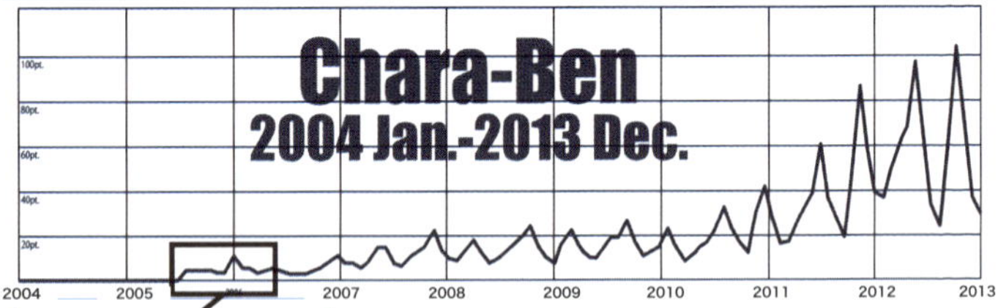

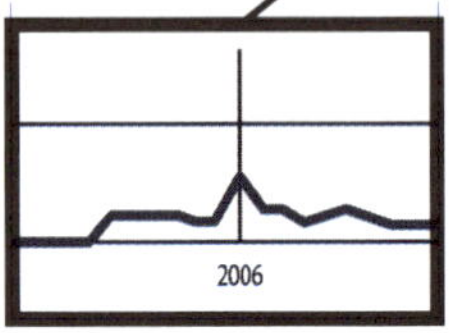

キャラ弁出現のココにその現象が出現。
売れ筋ウォッチを行うなら、これを観察するとバッチリ発見できるんですよぅ。
これはなかなかに長期的なトレンドになり始めています。
ところでこのキャラ弁。1年間、ずっと盛り上がっているのか？
相対的に見れば、年々関心が20pt./年ペースで上昇しているのは確実。でも、キャラ弁は1年中燃えているのか？

いや違う。
キャラ弁には季節性がハッキリある。

キャラ弁検索動向推移　　2013年

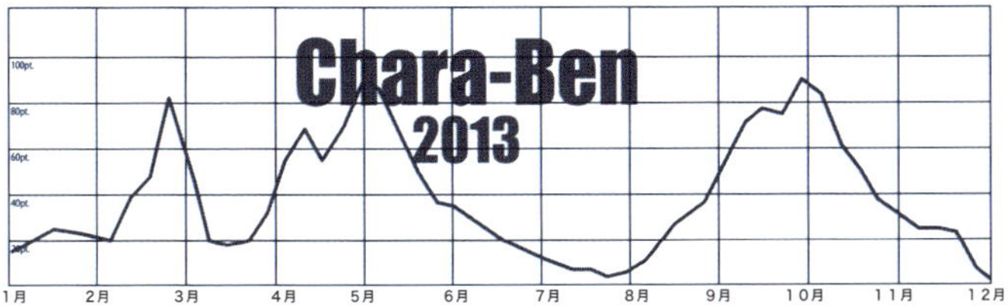

ファースト・インパクトは3月のちょっと前、2月25日ぐらい。ここは新入学&入園に合わせて、ママが予習中って感じかな？
セカンド・インパクトは春。4月から5月に年間最大値をマーク。これは「さて、本番！だけどネタ不足だー」的ママの葛藤がうかがえる。ココ商機ね。
8月を底に夏休みはキャラ弁はひと休み。レジャーシーズンに不要ってことは、キャラ弁は対人関係と連携していると推定される。あくまでお子がクラスで浮かないテクニックなのであろう。サード・インパクトは9月から10月。そして年末に向かって下がって行く。
なぜか？そうです。遠足と運動会シーズンにキャラ弁人口 は増える！んー。確かにそうだ。
ふだんは手を出さないお母さんでも、まぁ、子どもがココ一 番の勝負時には「キャラ弁やってみようか！」と思うワケです。

全国のお母さん、がんばるなぁ。向こう6年ぐらいは課題が増えちゃったわけだ。探しましたよー。関連性が高いアイテムを。

キャラ弁、遠足、ウィンナー、お弁当箱＋ランチボックス、運動会検索動向比較　2013年

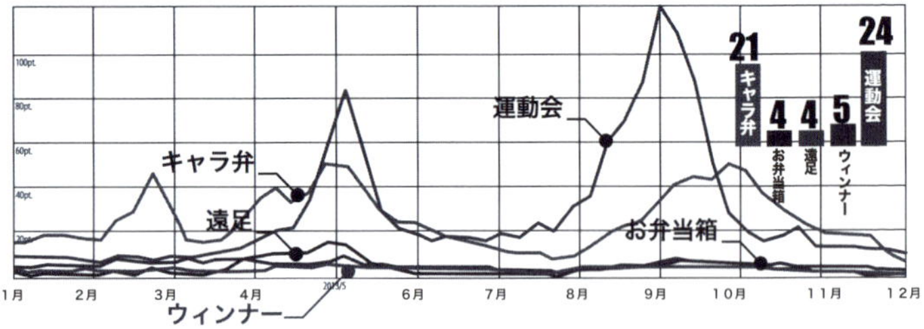

でもフォークソノミーでキャラ弁に紐づいて出てくるワードは大半がキャラクター名ばかり。

たとえば海苔は重要でしょー!? でもピークは関連していない。

１年中、海苔は注目されてる。

最後にたどり着いたのはコレ、ウィンナーソーセージ！

春と秋のピークはキャラ弁と同期した変動を示している。

（２アイテムにフォーカスすると連動がくっきり確認できる）

なるほどなるほど。結局は子どものお弁当の定番、タコウィンナーかぁ。

食品会社のみなさん、朗報です！

キャラ弁ユーザー対象商品として、ウィンナーを４月中旬から２カ月間、９月初日から２カ月間、増産しましょう!!

売れまっせ。これは。

このように、何かのブーム（と、いうか新常識）の背景には必ず連動している何かがある。そこを突けば、商機を見出せる。

ヒットの予兆を見抜く根拠

検索データを出力するGoogleトレンドでも、テクニックを備えていれば、ヒットの予兆を読み取れることをこの項目で示しましたが、「うそつけ！」と思っている人に、ヒットのメカニズムを教えましょう。

商品開発と市場投入は、「いきなりドン！」というわけではありません。
まずはリスクを負えるだけの小ロットで、消費者の反応を見ます。
そこで販売量が予想値に達しないときは終了。そこで終わりです。
しかし、期待値にマッチ、あるいは完売と、メーカーにとって好成績をマークしたら、いよいよ量産体制に入ります。
それはひとことで言えばカンタンですが、内容は大変です。
まず、材料調達路の確保。安く品質のいい業者と提携契約を結びます。
次に生産地。これが国内でないのはこの１０数年の流れで、中国か、いや、最近の中国は高いから、台湾か？ベトナムか？だいたいラインを任せられるのか？を海外出張して選定し、ここも契約です。
そして、生産機器の搬入。規模によっては生産ロボットの調達から始めて、ローカライズする必要があるかもしれない。

この頃、営業部では発売時期に向けて販促手法の検討や、店舗へ出向いて、セールスと棚の確保に向かっているでしょう。

生産現場では、不良品率を低減できるよう、技術者の現地派遣。
体制が整ったら、生産開始。出荷。
税関通過をクリアして、ロジスティックで店舗へ。
これだけこなすのに、どんなにがんばっても６～８カ月。

その頃には市場で話題になり、また検索データに出現する。
ここに、ヒット商品の予兆の根拠はあるのです。
もちろん企業も大変だけど、この予兆を観察する人力も大変です。

私は、過去にこの方法でアキレスの「瞬足」、「小学生用彫刻刀」のブレークを発見することに成功しました。

ヒットには必ず計れる予兆があり、それは適切なビッグデータ活用で可能です。

ANALYSIS 5

隅田川はかくして全国区となった

集客効果を狙って各地であらゆるイベントを行うが、小さいパイでは効果がない。大きいパイになる要因とは？

2013 年 7 月 27 日。あなたは隅田川の花火をどこで見ていただろうか？
テレビ中継か、はたまた浅草か？
現地だったら大変だったねー。思いがけない雷雨で前代未聞 30 分で中止。
「リア充ざまみろ」の声がネットのあちこちに飛んでいた。

さて、この墨田川花火大会。
1978 年からの夏の始まりの恒例行事であり、アサヒビールの大看板でもある。
過去にさかのぼれば 1732 年、徳川吉宗が大飢餓とコレラで亡くなった民の霊を弔う『川施餓鬼』という、お祭りというより慰霊の行事に起源を持つ、江戸っ子にはなくてはならないものだ。
私は関東の育ちだから気がつかなかったのだが、以前に大阪で「そんなものあるんですか？」と言う人がいて、驚いちゃったよ。私ぁー。
アレって、関東ローカルだったのね。

「隅田川」自体の消費者興味度をGoogle トレンドで調べてみた。

隅田川検索動向推移　2004年〜2013年

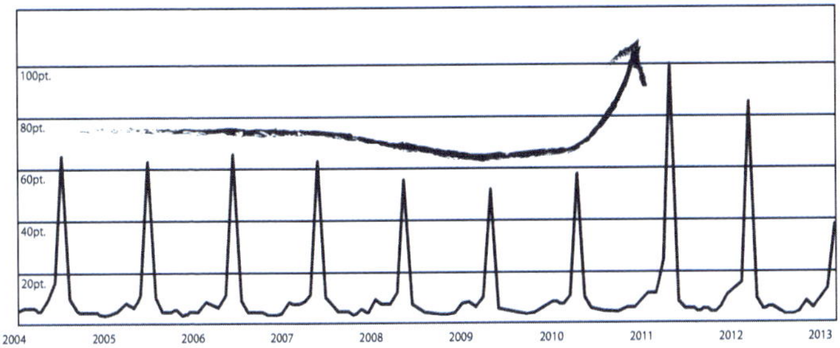

さすが東京ローカル。嗚呼。

3月頃10pt.ぐらいの極小ピークは花見ニーズ。それも検索するとなると、花見舟の予約ぐらいか。
隅田川添いの花見は絶景なんだけどねー。江戸っ子だけのお楽しみっつートコですか。

でぇ、花火大会の7月に爆発するっつっても60pt.デコボコ。アクセス元も東京、神奈川、埼玉、千葉の4都県に絞られてるし、しかも2008年から3年間はそのペースも切るほど、ダウントレンドだった。それが、そこまでの隅田川の知名度だったことがわかる。

ところが、2011年にこの状況が一変する！

覚えてるかな？ この年は東日本大震災で自粛の声まであったのを、1カ月遅れで、鎮魂の意を込めて実施されて一変する。
関心を持ってアクセスした人が一番多かったのが北海道。次に例年どおりの関東4都県が続くが、茨城からのアクセスも増え、宮城、宮崎、静岡、京都と遠方からの関心が加わった分、興味度がそれまでの平均値に対して約170%に急上昇した。
日本中を包んだ鎮魂の心が隅田川花火大会への関心を押し上げた最大の要因である。
では翌年、2012年は7月に日程が戻ったが、関心度が高いのはなぜか？
『スカイツリー』である。
新名所のトッピングで、前年比に近い興味をプラスオンしたのだ。
グラフ下の関連キーワードが明確にそれを証明している。

隅田川検索地域及び関連キーワード　　2012年

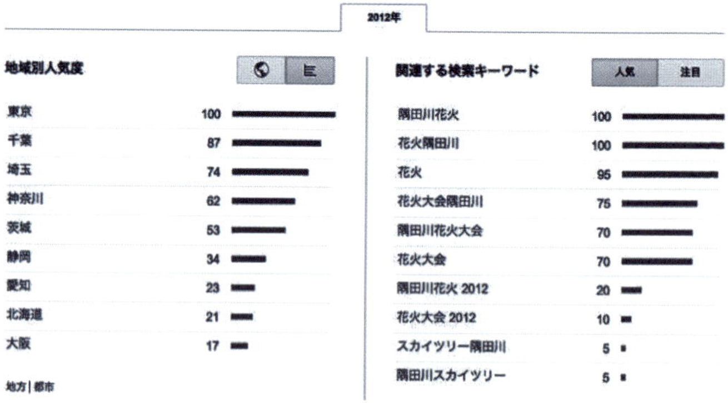

スカイツリーを、隅田川花火見物ついでに寄っちゃおうっつー計画が、この年は集客効果を高めている。
実際にセットのツアーも販売されていたし、さぞや盛り上がったんだろうなー。
落成初年度のスカイツリーと隅田川花火の競演はそれは感動的だったと思う。

さて、2013 年はどんなものだったのだろう。
ブログ全体約 1 億 6700 万サンプルから得られた、この年の隅田川花火大会への「思い」はこれだ。

隅田川ブログ内記述数及び共通キーワード 2013 年 7 月 28 日

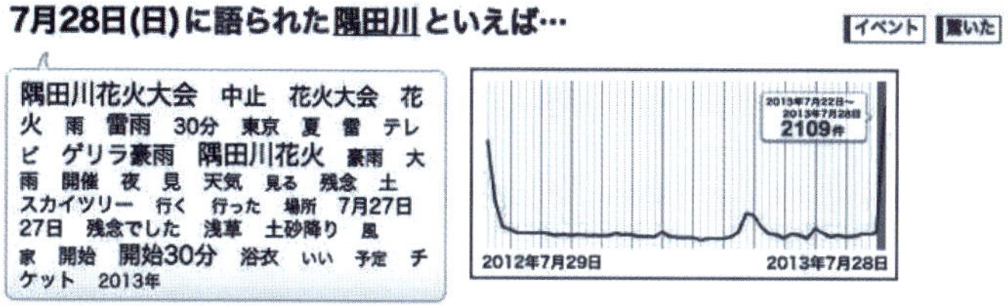

開始 30 分で豪雨でトホホに終わったというネガティブな理由で話題集中。
前年同期比 137%。デイリーランキングでもトップ 10 入り。

この場合の上昇はネガティブ要因かポジティブ要因によるかの見分けがデータサイエンティストに求められる。
「毎年、雨で中止したらウケる」なんておバカ結論出しかねない。

この結果は未来に向けてどう動くのだろうか？
震災が風化しつつあり、スカイツリーが死にコン化した今、鎮魂やスカイツリーに代わる人々の関心を集める要素は出現するのか？
できれば 1978 年の原点に立ち返り、天空への願いに興味を持ってほしい。

それが私の個人的期待。

ANALYSIS 6

カラオケ 10 年史

変化など想像もしない商品やサービスも、長いスパンで見比べると新たな商機、消費者層拡大が発見できる。

もう生活の一部になったカラオケ。

世界に誇る日本の大発明。

そんなカラオケも下は幼稚園児ぐらいから、上はシニアの娯楽まで、消費者層が広がったから、変化してあたりまえだよね。

データの許す限りの幅、2004 年と 2013 年の約 10 年の差を比べると似て非なる季節性がよーくわかるんだな。

カラオケ 検索年間動向比較　　2004 年と 2013 年

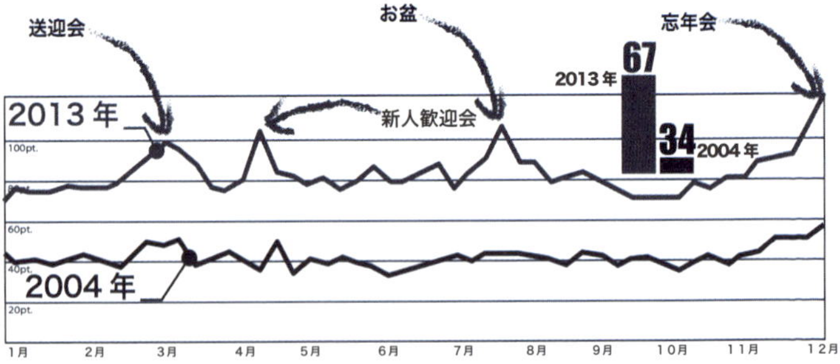

まずその規模の差。

67 ÷ 34 × 100 ≒ 197 なので、197% ≒約 2 倍に成長。

この背景はユーザーが増加したとも考えられるが、他にも多くの要因が推定される。

アニソンや AKB48 を初め曲数の増加、カラオケに触れる機会も増えた。過去の曲数はそのままに、ヒット曲は積層され、さらにジャンルも韓流、ボカロなど新ジャンルが追加され、結果的にユーザーの取り込みがある。
一方で、専門店の他に、喫茶店で、自宅で、どこでもできるようになった日常化した面もある。
これ以外の未知の要因も加わり、ピーク期にはあちこちでワイワイやってる量が２倍になったわけなんだな。

次にピーク点の増加。
カラオケとは友人、同僚、家族と集まった時に楽しむもの。
ふつーに考えても、忘年会、新人歓迎会あたりはピーク。
ところが任天堂 Wii の登場で家庭でもやる。
となると、夏期帰省シーズンにも一家揃って楽しむチャンスが増えた。ここでまた盆玉だよ。
もちろん帰省だけじゃなく、キャンピングや車中泊などのレジャー先でもカラオケが楽しめるようになったわけ。
人が集まるチャンスさえあれば、そこにカラオケがある。
「ひとりカラオケ」だって専門店がある。
「ギター持ち込みカラオケ」「シンドラ完備カラオケ」もある。
カラオケというビジネスは、たった 10 年の間にあらゆる面で多様性を極め、一方ではシンプルな初期型のカラオケボックスは存在意義が無に向かっているという皮肉な現象がこの 10 年の流れである。
そこら辺のチャンス増大は次のページに記した関連キーワードからカンタンに読み取ることができるでしょ。

カラオケ 検索関連キーワード　2004 年

関連キーワード　2013年　2004年

人気		注目	
歌	100	カラオケパセラ	急激増加
歌詞カラオケ	100	ジャンボカラオケ	急激増加
カラオケ館	100	新宿カラオケ	急激増加
シダックス	100	シダックスカラオケ	+110%
歌詞	95	カラオケ店	+100%
カラオケ歌詞	95	カラオケ館	+100%
カラオケシダックス	95	シダックス	+100%

カラオケ検索関連キーワード　2013 年

関連キーワード　2013年　2004年

人気		注目	
カラオケランキング	100	紅蓮の弓矢	急激増加
カラオケ館	95	wii u	+300%
カラオケ曲	85	wii カラオケ u	+300%
パンパンカラオケ	60	wiiu カラオケ	+250%
カラオケパンパン	60	仕分けカラオケ	+200%
カラオケの鉄人	50	関ジャニ仕分け	+160%
シダックス	45	関ジャニ	+90%

2004 年の検索キーワードはチェーン中心の夜遊びぃな感じだったものが約 10 年後、Wii カラオケやら関ジャニ仕分けやらで日常ポピュラーなものに変化したのには、健全感あるなぁ。
関連キーワード 1 位が「紅蓮の弓矢」って、『進撃の巨人』のアニソンじゃーん！
「カラオケの鉄人」だって、アニソンやゲーソンが中心のチェーンじゃんか！多様性の方向も見えて来る。

なんか、カラオケこそがクール・ジャパンそのものだと私は思うんだなぁ。

ANALYSIS 7

TV と映画の相棒関係

ビジネスとしてコンテンツを作り上げるのは容易ではない。多チャンネルとタイミングで成長させた実例。

テレビ朝日の最終兵器。『相棒』。

空き時間帯も日曜洋画劇場も過去作品をガンガン投入。

自然と露出が多くなって、「行ってみようかなー」となる空気ができてる。

実はこの『相棒』シリーズ。

TV 放映と映画公開がからみあって、現在の高い認知度を長年かけて作り上げていたのだ。

『相棒』検索伸び値とテレビ平均値との差異　2004 年～ 2013 年

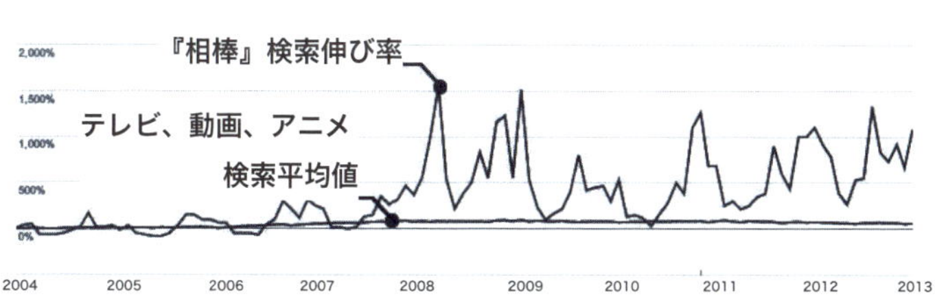

シーズン 3、シーズン 4 頃はテレビカテゴリー平均を上回ったり、下降したりちょぼちょぼだった。

しかしその壁を突き破ったのが最初の映画『相棒 - 劇場版 - 絶体絶命！ 42.195km 東京ビッグシティマラソン』投入だった。

これまででも最高の人気度を打ち立て、一気に知名度を高めたのである。

ただ若干の失敗は、TVシーズンの間で公開したところにある。
映画終了後はドカン！と人気が落ちてしまった。
そこで次なる作戦はTVシーズンの終わり頃にスピンオフを投入。
これも当たったが、揺り返しが激しい。
このトライ＆エラーを繰り返しているうちにTVシリーズの期待感は上がっていたが、スポンサー説得材料としての安定性にはあやふやさが残る。んー。
そこでシーズン９ではTV開始直後に映画を投入してみた！
この効果は抜群で、映画館→TVという流れを作り、視聴率も最高率を叩き出した。
ここに『相棒　マーケットスタイル』の確立ができたと言える。

『相棒』検索量と映画版の時系列　2004年～2013年

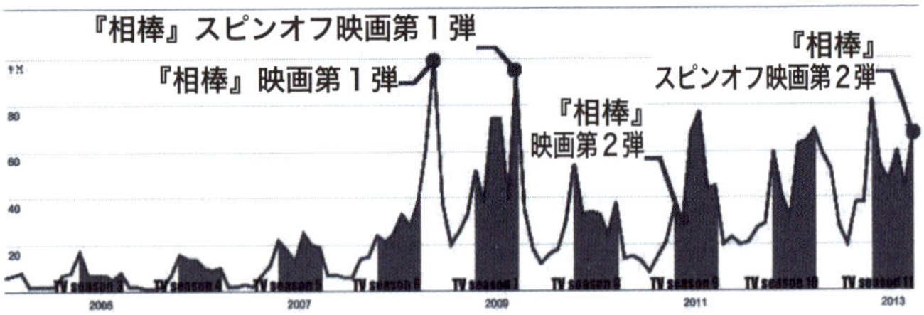

シーズン１０は映画なしでも高い数字。
このまま高い認知度を保ち、あわよくばノベライズやコミックスなど版権ビジネスを作りたい。
思い切ってシーズン１１終了と同時の映画公開と組んでみた。
ＴＶシリーズの中でも映画の告知。ストーリーに絡めるなど、番組自体をコンテンツ全体の広告塔にした。画期的！
さてさて。ここまで作り込んで、満を持して投入した『X DAY』。次なるシーズン12にどうシナジー効果があったのか？

ANALYSIS 8

「激安」が好き！「安売り」が好き！

商品のお手頃感を表現する語彙はいくつもあるが、どう表現すれば最も訴求するかを数値で探る。

アベノミクス効果でうんぬんとか毎日ニュースに躍り出るキャッチコピー。このまま本当にバブルへ戻るのだろうか？
私は断じて「違う」と言いたい。
なぜなら、今生きる消費者が日用品を買うポイントが「安さ」だからだ。
バブルのようなステイタスに興味はもうない。

さて、安さの表現。これは様々にある。
「激安」「安売り」「ディスカウント」ほんでもってストレートに「安い」。どれが最も響いているのか？

激安、安売り、ディスカウント、安い 検索動向と差異 2004年～2013年

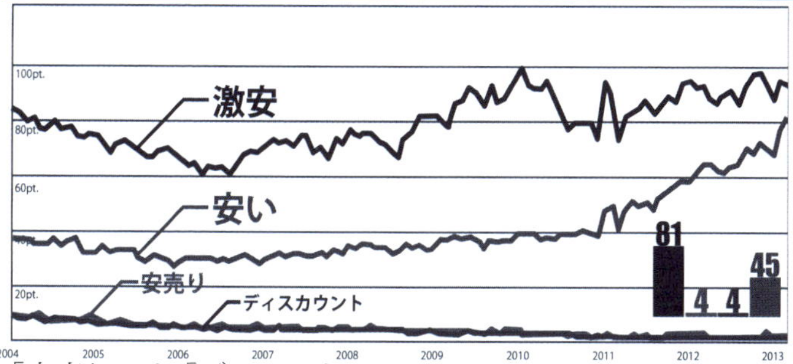

「安売り」や「ディスカウント」にはインパクトがないのか、

あまり響いていない。
関連クエリを見てみると、「旅行」「パソコン」「タイヤ」と高額なものが目立つ。
良質のサービスをめちゃくちゃ安く得たいという願望が見える。

しかしこのグラフ。
2011 年から「安い」が急上昇している点が気になる。ストレートなフックだろうか。
東日本大震災と直接関係しているのかというと、そうでもない。前年末ごろから上昇を開始し、震災が後押ししたと捕らえる方が正しいのではないか？

では「激安」と「安い」の関係はどうなのか？
平均値と比較すると、その様子は一変する。

激安、安売り、ディスカウント、安い 検索動向平均値と伸び率差異
ショッピングカテゴリ　2004 年～ 2013 年

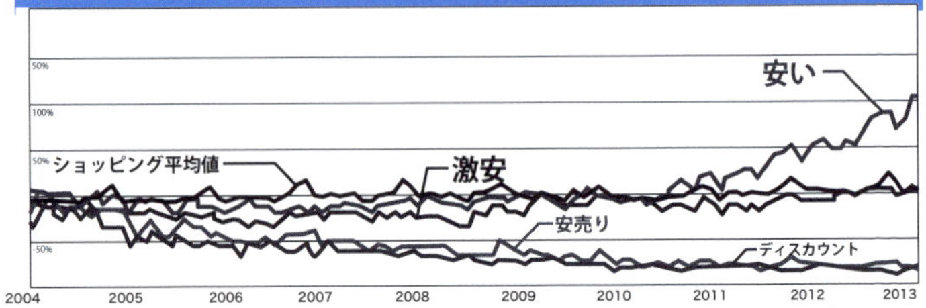

ショッピングの平均値はこの９年間でそう変化はない。買うという行為自体に衰退はないのだ。
そういう意味では、この９年間も市場は不景気ではないと言える。
ただその構造の中身が安さとともに進行しているという状況。
そして、「激安」より「安い」が 2010 年後半から、フックとして強化が止まらない。
これはバイイングにとって、とても頭が痛いんだよねぇ。
良いものでも、ストレートに安くないと買ってもらえないんだから。
「安い」関連キーワードは「服」「スーツ」「コンタクト」と日常品に集中する。
消耗する物は特にお金がかけられないという消費者の心境の現れ。
バブルの時代は服やスーツこそ高額な物に走っていた。今は違う。
だから、仮に株価指数がさらに上がっても、1980年代のようなバブルにはならない。

あの時代を体感した世代は「バブルに戻りたい」とかすぐ言う。
しかし、消費者は冷静だ。いや、消費に冷めている。高い物がジャンジャン売れる現象は、この先、絶対に起きない。

そんな中、某社のセールスプロモーション事業部からノベルティの相談を受けてるんだなぁ。
オマケ付けても売上げは上がらないよと、はっきり言ってあげるべきなんだろうな。

コストカットもセールスプロモーションの一つだと教えてあげたい。
マーケ本を読め。今、すぐに！

POINT　静かな日々の階段を

人は物の選択や、行き先、行動などを自分で決定していると思っているが、ビッグデータでのぞいてみると、そうでもない。
いや、むしろ決定づけられたレールの上を滑っているに過ぎない。
そのレールは朝と昼と夜と深夜、そしてその間は自らに内包する欲望であったり、外的バイアスによって構成されている。
商品開発等に個別アンケート採取という手法があるが、その結果には、無意識言動というレールは現れない。
対人という時点でバイアスがかかり、回答が歪曲されてしまい、参考値にならない。
ビッグデータは無意識を捕らえることができ、まずは１日単位の思考行動を把握できる。
また、それを拡大して１年間単位、１０年単位で消費者の思考行動が把握できる。
変化する物と、不変な物を発見することは、あらゆる判断材料として有効であり、それを応用することで、ヒット商品を編み出したり、プロモートタイミング、コンテンツの育成など多方面での活用が可能。
過去データを丁寧に分析すれば、今と、近未来が見えて来る。

さぁ、恐れずにビッグデータというタイムマシーンに乗って、人間の習性行動を見に、過去の世界へ行こう。

Chapter 3

地域、年齢層からデータを読む

行かなくても会わなくても地域性や年齢層の違いがわかる。

チャプター２では時系列から分析を試みましたが、今度は地域や年齢層などにフォーカスして斬り込んでいきましょう。Googleトレンドではキーワードの地域分布を見ることもできます。
題材はそうだなー。洋と和の酒類比較です。
“ワイン対日本酒。どこで求められているのか？”です。
まず検索トピックにひとつは『ワイン』もうひとつは『日本酒』を入力しましょう。
そして24ページで示しているように、フィルタをタップして、『すべてのカテゴリー』と表示されているところをタップ。プルダウンされた中から『ショッピング』を選んで下さい。
これでワインと日本酒、それぞれをネットで買おうとしている人の関心度を見ることができます。
折れ線グラフのさらに下、日本地図はどんな表示になっていますか？
まずは日本の中でワインのショッピングニーズがどう異なるかがわかるでしょう。
栃木県を筆頭に東京都、神奈川県など30ほどの都道府県にワインショッピングニーズが集中しています。詳細は地図の一段上のグローブアイコン右の一覧アイコンをタップすれば正確に読めます。
次に、日本酒を見るには『地域別人気度』と書かれている下のブルーで表示されている『日本酒』をタップ。すると、日本酒のショッピングニーズが、ワインに比べて半分以下の地域＝関東圏と関西圏および北海道に絞られているのがわかります。

伝統ある純米の日本酒が、外来のお酒にシェアで負けている、あるいはパイが小さいことが歴然とわかるでしょう。

なぜか？

その答えも画面を下方へスクロールすれば見えて来ます。

ワインの関連キーワードは『ギフト』『プレゼント』『パーティー』など、華やかな場での活躍が読み取れるのに対し、日本酒は『飲み方』『飲みやすい』など、初心者感にあふれています。

ワインはスター性のあるクィーンのような存在。

これに対し日本酒は若い世代にアピールできていない点で差が出ていると推定されます。

ただ一点、日本酒で面白い関連キーワードは『だっさい日本酒』。

これってダサいって意味じゃないんですよ。

『獺祭（だっさい）』という山口県岩国市の地酒で、この注目の由来が『エヴァンゲリヲン新劇場版：序』で葛城ミサトが呑んでるシーンから来てると、まぁ、今風な情報拡散なんですな。

ワインはスーパーでも買えて、洒落ている。

日本酒は…わかんないなぁーって感じが消費者心理であり、シェアの差にも現れていると言えます。挽回策も考察できるでしょ？

このように得られたデータどうしを比較しながらストーリーを見つけるのがこのチャプターのテーマです。

異なる事柄を同じ条件で、しかも簡単に比較できるのがビッグデータの強み。こうして得られたグラフを先入観を持たずに分析すること、そうすればビッグデータはあなたを「正解」に導いてくれるはずです。

ANALYSIS 9

きゃりぱみゅはクール・ジャパンじゃない

対象となるコンテンツが誰に支持されているかを把握していないとムダな広告を打つだけ。

安倍内閣が日本経済成長策の一つに掲げる「クール・ジャパン」。
そのアイコンに立てているのが、きゃりーぱみゅぱみゅ。
メディア露出当時は色物感もあったが、海外ツアーの成功で、今や貫禄さえ漂わす…いや、メディアがそういう御神輿にしている存在。
でもさー。なんか違和感感じるのよ。
アニメやカワイイって、都市部の限られたティーンだけのサブカルチャーだったのに、おっさんっつか、政党が横入りして来て、あたかも「俺のモン」みたいにはしゃいでるのが、すっげー違和感感じるんだわぁ。
経済効果も理解できるが、おっさんは口出すなって気分になる。

だいたい、きゃりーは文化として衆知されているんだろーか？
気になったらビッグデータで調べる。スマホで呼び出すだけ。

今回はきゃりーの立役者、音楽プロデューサーの中田ヤスタカ括りで、パフューム、カプセルと一緒に比較してみた。

まず思いつくのはアート、エンターテイメントカテゴリ。

きゃりーぱみゅぱみゅ、Perfume、CAPSULE 検索動向と差異
2004年～2013年　アート、エンターテイメントカテゴリ

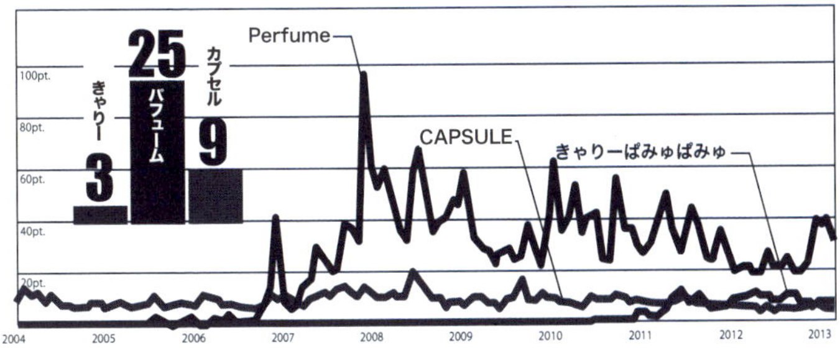

おかしい。
きゃりーが超低い。パフュームだけがガンガンに目立つだけ。
きゃりーはアートでは一般に受け止められていないということだ。
じゃぁ、音楽そのものはどうだ？『ファッションモンスター』も『つけまつける』も私のiPodに入れてるぞ。

きゃりーぱみゅぱみゅ、Perfume、CAPSULE 検索動向と差異
2004年～2013年　音楽、オーディオカテゴリ

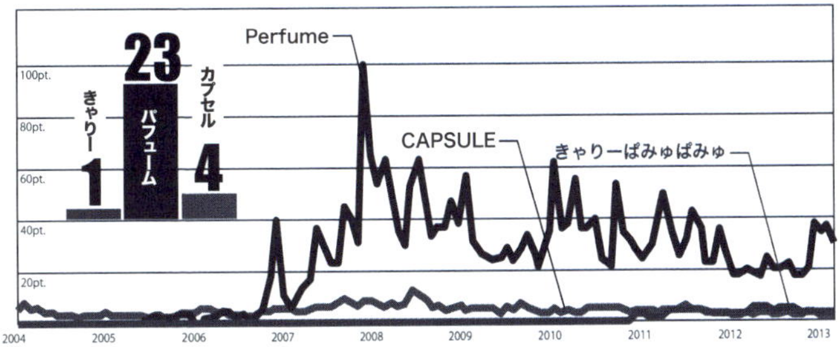

がーん。こっちはきゃりーの支持が想像以上にさらに低い。
カプセルまで低い。目立つのはやはりパフュームのみ。
あのヒットはどっから来てるんだろう？

サブカルチャーカテゴリでデータを取っても全滅。
最後にたどり着いたのが、子ども、ティーンエイジャーカテゴリ。

きゃりーぱみゅぱみゅ、Perfume、CAPSULE 検索動向と差異
2004 年～ 2013 年　　子供、ティーンエイジャーカテゴリ

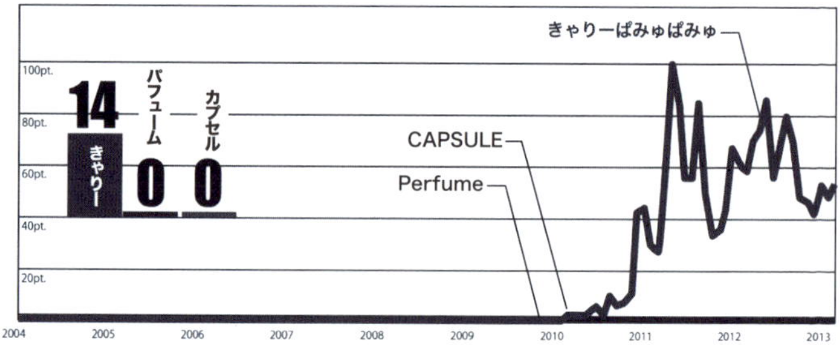

ここでやっと堂々の存在感。きゃりーはお子ちゃまの世界の人だったのだ。そりゃ『アイカツ』とか『プリキュア』のあたりだよ。
確かにアニメもカワイイ文化もティーンが中核。
でも、それを海外へ持って行って「これが日本のアートじゃー！」みたいなトップセールスって、ちびしぃのぅ。
お子様向けとわかっていて輸出してるならいいが、現実に気がついていないんだったら、どっかでコケるぞ。
海外との文化差は大きく異なる。
2013 年に LINE がロシア進出して「幼い」と不評で、無駄なロスをしたばかりじゃないか。
おじさん、引っ込んでいてくれないかなぁ。自由にやらせてあげてよ。もう。

わかってないなぁ。

ANALYSIS 10

日本全国ワンピース大戦争

集客効果としてのキャラクター活用は誰でも考えることだが、誰でも同じ効果を得るとは限らない。

現代は特にサブカル的な浸透力を持ちながら、マス受けしやすいアイコンを備えたキャラクターの開発と発掘に必死である。
ひとつ大きいキャラクターを生み出せれば、何の変哲もない商品でも絵を貼付けるだけで、通常以上のセールスができるからだ。
過去でも、そして今でも、さらには未来も、この錬金術作戦は変わらないだろう。
現に結果が出ているし、ゼロから立ち上げるより効率がいい。
今日もどこかで、また新しいコンテンツが開発され、投資を募って守り続けている。

『ワンピース』。
今でも子どもから大人まで熱狂的かつポピュラーな人気のジャンプ系コンテンツだ。
そのワンピースが、2011 年の夏はあちこちでキャンペーンやイベントが集中した。
こんなにあちこちで同じキャラクターを乗せたら、つぶし合いでしょ？とか思うんだが、数値を取ってみると、意外と勝敗がはっきり現れてる。

ワンピースイベント・キャンペーン検索動向と差異 2011年

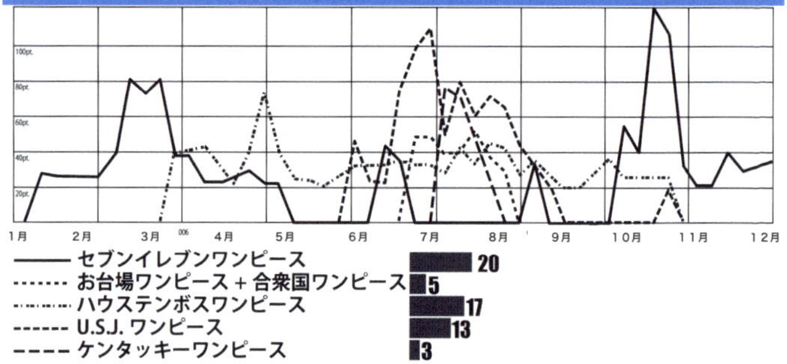

この年にワンピースで最も効果を発揮したのはセブンイレブンのキャンペーンだった。
セブン＆アイ・ホールディングスはこのキャンペーンに具体的数値をもって取り組んでおり、ドラスティックとも感じられる戦略を次々と投入し続けている。

ユニバーサル・スタジオ・ジャパンも夏限定にしては良好。
2007 年夏から始めたウォーターワールドを夏だけワンピースショーにする策で、特に関西圏には熱心なファンがいるため、2014 年も続けている。
ワンピース導入の背後には、その前の『鋼の錬金術師』や後も『バイオハザード』など、USJ はあらゆるキャラクターを期間限定で導入する策に遠慮がない。

長年 " 実物大 " サウザンドサニー号をウリにしていたフジテレビのお台場合衆国だが、こちらはコストの割には及ばず、ついに 2014 年には登場せず。

長崎ハウステンボスでも同じく渾身のサウザンドサニー号を投入してけっこういい数字を叩き出している。
ケンタッキーフライドチキンは導入したものの、告知不足か、結果を出せなかったー！ 残念っ！
やっぱりフライドチキンは年末以外に大きいイベントができないでいる。
同じキャラクターを使っていても、こうも極端に差が出るのはなぜなのか？
それは地域を見れば明確だ。

フジテレビ『お台場合衆国』は東京密着型。関東圏のどこも興味を持っていない。あまりリキいれてなかったしね。
まぁ、安近短という今風なレジャースタイルにハマった形。

ハウステンボスはどうだ？
地元近辺、福岡では大注目!!
しかし気になるのは、東京もちらっと注目しているところ。
「実家帰りついでにハウステンボスへワンピ見に行こうかなー？」って、ムードが見えてくる。ここでもまた盆玉需要込みと見た。

それに比してユニバーサル・スタジオ・ジャパンはどうなってる？
地元大阪に兵庫が加わり、ここにも東京の『チラ見』が読み取れる。これも盆玉がらみかな？
USJだけはエンターテイメントやオリジナルグッズの大量投入で限定感を高めた全力マーケティングが勝因。

でも、気がつきました？
ハウステンボスもUSJも“帰省ついで”にからめて『ワンピース』で東京から人を呼べるのです。
「帰省先が東京」って固いが少ない証拠だな。

セブンイレブン。ケンタッキーフライドチキン。
どこを見ても東京が核になっているけど、全体にライトな感じ。
コンビニとファストフードじゃー、ご近所ニーズしか取れない不利な闘いだ。
お盆にひっかけた、遠方を取り込む大きい分母を引き込む工夫に、商業的成功の道がある。

エンターテイメント系企業は常に売れるキャラクターを探している。

でも、その成功率は確実ではないイバラの道なのだ。

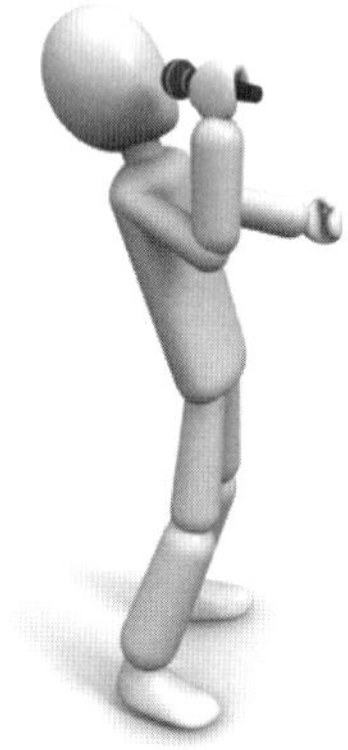

ANALYSIS 11

東京で企画すると日本を見落とす

日本全国で大好評発売中な商品など、存在しない。
特に趣味・趣向は地域によってバラつきがある。

「今、売れてます！」こんなPOPをよく見るが、「それはどこで？」と私は尋ねたくなってしまう。
この店舗だけならまだしも、日本全国どのお店でも超売れているものなんて存在しないからだ。
日本企業の約80%が集中する、グローバルでも驚異の都市、東京。 その東京の“我が社”の一室で企画会議をしても、地方の売れ行きPOSデータを資料に検討しても、日本中を同時に見渡すことはできない。

以前、とあるドーナツチェーンから、フレーバーについて調 査依頼を受けた。
「どのフレーバーを選ぶかは、その時の気分だから、フレーバーごとの好みの強弱がわかればいいんでしょ。全国おんなじ感じだろうなー」ぐらいに思ってとりかかった。
しかし、やっぱり、そういった個人感情をビッグデータ分析に持ち込んではいけないのだ。
データを見たら、噴飯モノだった。
フレーバーの好みに地域差がある！
そりゃーそーかー。
昔から、醤油や味噌にも地域差があるのだから、当たり前だ。

きなこ、シナモン、ゆず、抹茶の検索地域差

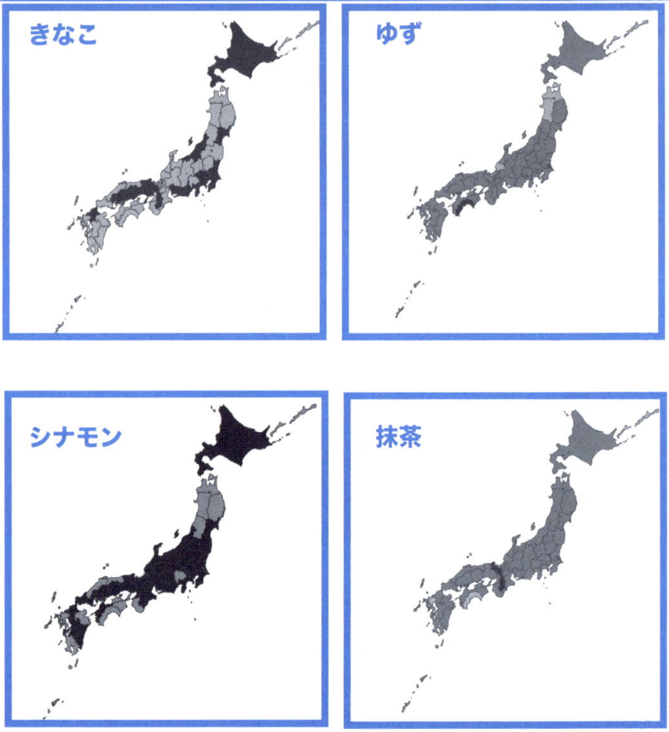

まず、きなこ。

きなこは関西圏中心だ。わらび餅が後醍醐天皇の好物だったという歴史もあり、きび だんごの岡山県もあり、確かに西に集中する傾向がある。

安倍川餅もあるから静岡までか？と思いきや、東京も含む。

しかし東北での検索数はわずか。

ところが突如として北海道でも人気があることがわかる。

次はシナモン。シナモンは比較的に関東以西で強い人気を誇っている。

外来フレーバーだから都市部に集中かと想像していたが、案外と広がりを見せる。

よく見ると、関東以西といっても、不思議と山梨県だけ孤島のようにヒットがない。

北海道は、東北と似た趣向かと思いきや、シナモンもヒットが高い。

このバラつきが、地域性だ。

データに浮かぶ地域性

全国レベルでよくヒットする都道府県は、都市部をのぞけば、不思議といつも北海道。

北海道は新製品を調べると、ことごとく登場し、トレンドを牽引する。

気質が開拓民のせいだろうか？

北海道の人たちはいつも流行に敏感だ。

この気質を活用して、新商品のテスト販売を地域限定でしたら、低コストで感触を得られると、私は提案する。

ちなみに北海道にフォーカスしたキーワードトップは『ゲーム』。

寒いから家にこもってるのかなー？　ＩＴ系企業が多いからかな？

一方、全国レベルでヒットしにくいのは、たいていが山梨県。

ここは手強いわぁー！なかなかデータを採取できない。

ネット環境もあるし、スマホも使ってるだろうに、なかなかデータが出ないから、不思議だ。

実際の山梨県は人口減少傾向著しく、県庁所在地の甲府市でさえシャッター商店街状態。
2014 年 2 月の大雪でぶどう園も打撃を受け、今後がどうなるのか不安がある東京の隣の県。
原宿や渋谷の検索元をたどると、突如として山梨県からのアクセスが現れることがある。いつも目線が外を向いているのかもしれない。
ちなみに山梨県のキーワードトップレートは『ホテル』！
しかも県外の。やっぱ、外に目が向いちゃってるかー。

企業にも地方性がある！

クライアントの依頼で、戦略商品の地域データを調べていると、不思議と地方性があることが、たびたびある。
例えば、日本の玩具メーカー上位の『タカラトミー』と『バンダイナムコ』。
社名で調べれば両社とも全国区なんだけど、商品単体に地域差がある。
タカラトミー商品は東京より西へ福岡あたりまでのコア・ユーザーが集中している。
一方のバンダイナムコ商品は名古屋から北へ北陸、東北にコア・ユーザーが集中する傾向が高い。
どちらの会社も同じパワーで全国で売ろうと営業活動をしているんだろうけど、不思議と両社は南北で住み分けてる。社風なのか？販促手法の違いなのか？
今もって、私も理由は不明です。もっとデータが必要なのでしょう。

同じように南北で差があるライバル企業は、コカ・コーラとペプシ。
この２社だって、販路もＣＭも同じくらい打ってるのに、不思議とペプシは南日本で検索量が高く、コカ・コーラは北日本で検索量が高い。
この理由も、今、手に入るデータでは答えが出ないでいます。
こんなことだったら、コーヒーのブランドとか、紅茶とか、ＰＥＴ系お茶とか、ハンバーガーのブランドにも地域性があるのかもしれないなー。
あなたも Google トレンドで色々試してみてはどーかな？

ANALYSIS 12

シブヤが GINZA を超えた理由

店舗を配置するなら集客力の高い地域を狙うもの。
どこがベストか？そこにはどこから人が来るのかを探る。

ここでクイズです。
今、イチバン人がショッピングに集まる街はどこだと思いますか？

「ヲタクの聖地、アキバでしょー！」
「そりゃー昔と変わらず銀ブラだわ」
「きゃりーぱみゅぱみゅ効果で原宿かなー？」
ブー！全部不正解です。

正解は『渋谷』です。しかも 2010 年からなんですよ。

渋谷、原宿、吉祥寺、銀座、秋葉原検索動向と差異
2004 年 9 月 -2013 年

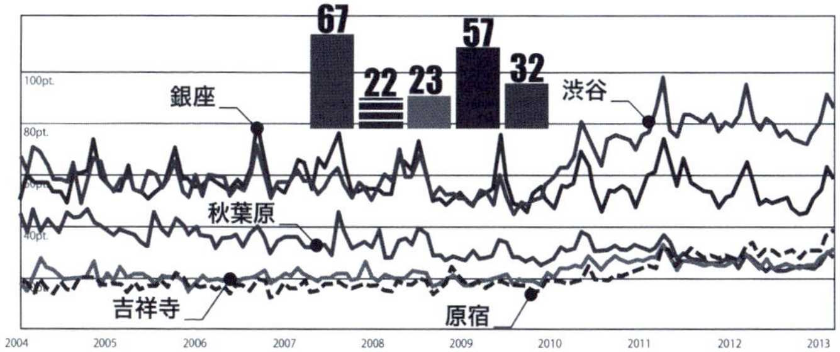

ヒカリエができたり、路線相互乗り入れが始まったのが 2013 年。
でもそれ以前の 2010 年に銀座を超えていたのです。

なぜだろう？これは調べましたねー。109だって、センター街だって、ずっと前だし。

でもこれもビッグデータであっさり解決。2010年にHMVが閉店。そこにFOREVER 21が出店。これで一気に渋谷が遊びに行きやすくなった。女子も。デートも。

しかも検索ＩＰをたどって行くと、東京はともかく、山梨県、茨城県からもアクセスが！これだけ遠くからも人を吸引する素材が渋谷に集結しちゃったんですもの。そりゃー行くわな。

ちなみに銀座も２位の位置は辛うじてキープ中なれど、降下傾向にあります。

銀座が盛り上がるのはクリスマスだけ。

吉祥寺とか、原宿は案外と低いなー。マニアックなのかもしれない。その証拠に、現在は秋葉原と競ってる状況です。じゃー、今から渋谷行きますかぁー！すっげ混んでますよ。すっげ。地方の人は絶対にそこで言いますよ。

「今日はお祭り？」って。

ANALYSIS 13

ガンダム v.s. トランスフォーマー

データ分析は１つの視点だけで行うと見誤う。
全貌を把握するには多面的にデータを統合しなくては見えない。

一昨年あたりはあっちこっちのTVチャンネルでよく放映してたなー。『ガンダム』。旧作やらスピンオフやらバンバン。
試しにHDDレコーダーの自動録画キーワードに『ガンダム』を入れたら、撮れるわ撮れるわ。すぐ残時間がなくなっちゃったよ。
情報番組やらニュースまで遠慮なく何時間分も入ってて、見るとガンダム話題が含まれてるからだ。
『ザクとうふ』で数本、『ガンプラ工場』も露出多くて数本。
「この番組は関係ねーだろ？」ってチェックしたら、『Divercity Tokyo』かいーいぃっ！
そこで私は思った。
ガンダムは常にそんなに盛り上がってるのかい？

ガンダムの検索数推移　　2004年 - 2013年

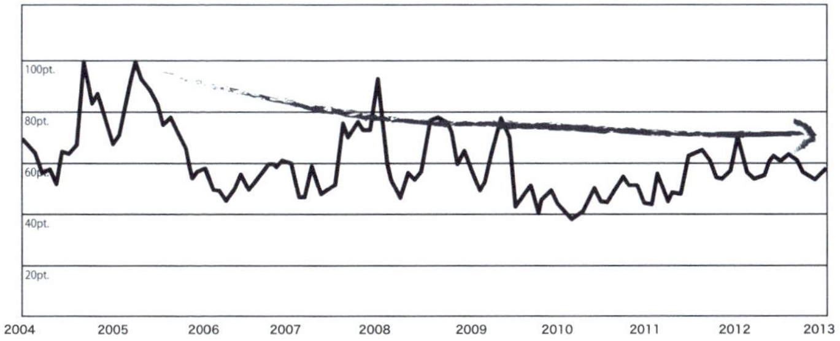

ん？下がってる。
ピークだった2006年頃と比べてガンダムの人気度は60～55%あたりをうろうろしてる。
話題とコンテンツ、垂れ流し状態なのに、それでも下がる？
あやしぃなぁ。

だいたいTVメディアで露出が目立つガンダムが、その割には落ちていることばかりに気がいってしまうけど、『トランスフォーマー』という存在を忘れてるんじゃないかなぁ？
前3作もウケて、2014年の8月には第4弾の映画も公開されたのよ。
あっちの方がクールで好きなんだけどなぁ。

と、いうワケで、ガンダムvs.トランスフォーマーの状況を“ざっくりと”比較してみる。

ガンダム、トランスフォーマー検索推移（日本）2004年～2013年

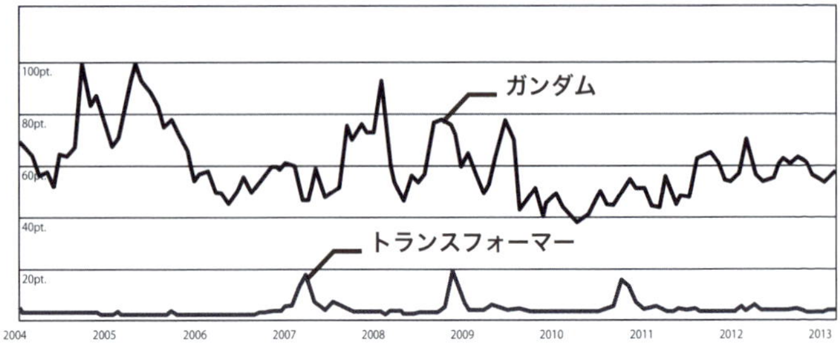

本当にざっくりと見ると、確かにガンダムが際立っているかに見える。
比率はガンダムがトランスフォーマーの約1,800%。

ここでビッグデータ分析を終えてしまうと、「ガンダム圧勝でした」で終わってしまう。
んが、しかし！
冷静に見るとガンダムの激しい上昇と降下に比べ、トランスフォーマーは安定しながら映画公開時に飛び上がる特徴から、「もっと分析を深めれば何かある」と気がつくべきだ。
なぜなら“ガンダム圧勝”なら、規則性フラクタルになるべきところが、検索量もTV放映と関係なく不安定で、「夏が強い」とかの季節性さえないからである。
トランスフォーマーはそうじゃない。
んー。
これはトランスフォーマーを別角度から調べる必要がありそーだ。
コンテンツの価値を決めるのは、消費者の購入意識が高いかどうかでしょ？
そこでショッピングカテゴリでフィルタリングをすると、前ページのざっくりデータとちょっと違った変化が見えて来る。

ガンダム、トランスフォーマーショッピングカテゴリ検索推移（日本）2004年～2013年

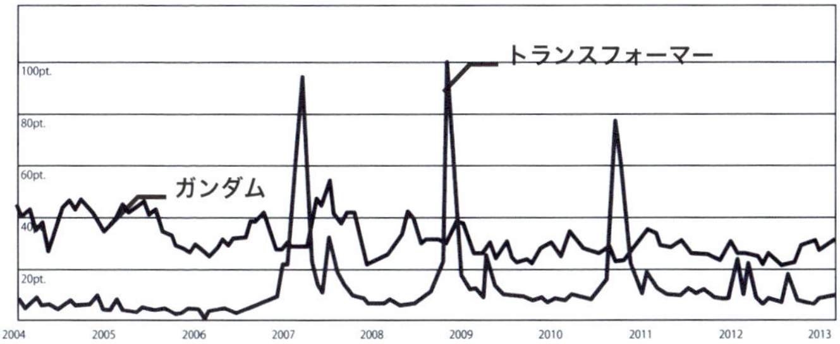

さっきまでのざっくりデータに比べて、明らかに異なる点は、３カ所でトランスフォーマーがガンダムを３倍ほど上回る瞬間

があるということ。おぉ！
このタイミングは映画放映時とシンクロしており、いかに映画館で感動した人が購入動機に直結しているかが明快にわかる。
全体平均値でも約３：１まで迫っている。
やるじゃないか！トランスフォーマー！
びっくりはまだまだ奥にある。平均値ではトランスフォーマーが突き抜けるパワーがあるのよ。

ガンダム、トランスフォーマーショッピングカテゴリ
検索平均値推移（日本）　2004 年～ 2013 年

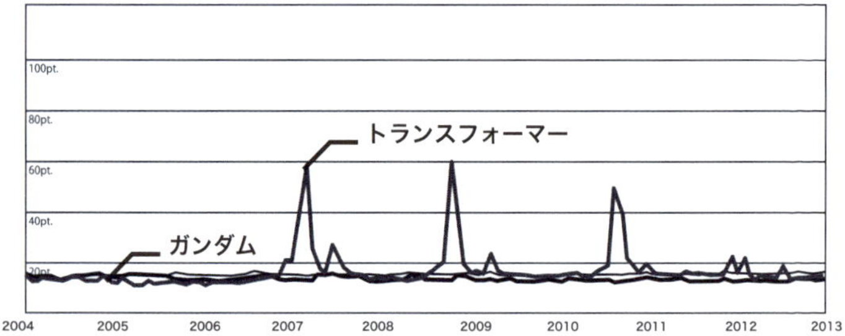

この両者、実は住み分けをしているのである。
おもちゃの分野では相対的にほぼ同格。
映画時の飛び跳ねを考えれば、おもちゃ消費ではトランスフォーマーが有利。
世間をぼーっと見ていたら気がつかなかったぐらいの両者のがっぷり四つが明確に！
なんだか、だんだんガンダムが霞んで見えてきたなぁ。
もう初代ガンダムなんて、アラフォーの人にはピンと来ない。
トランスフォーマーはその点、リアルタイムでしょ？

ガンダムと言えば、やっぱガンプラ。
プラモデルの世界でさぞや王者だろう？と思いきや…

ガンダム、トランスフォーマー模型カテゴリ検索推移（日本）
2004 年 - 2013 年

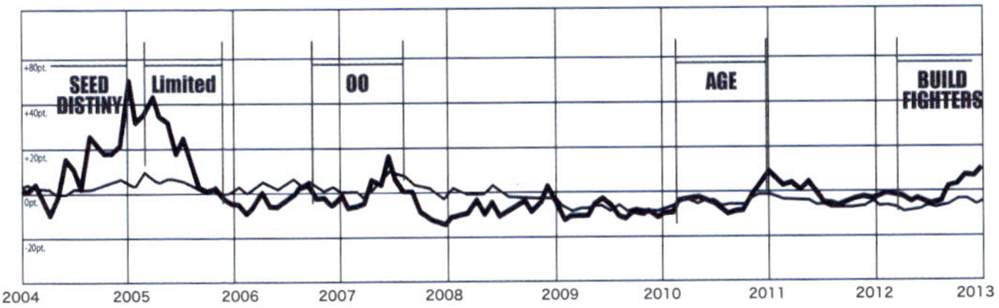

『SEED DESTINY』の時にはカテゴリ平均を上回ったが、以降はカテゴリ平均とシンクロするのがやっとの状況。
2013 年から TV メディア導入した『ビルドファイターズ』効果がちょっぴり伸ばしたが､天下のガンプラがこれではー。ねぇ。
80 年代のガンプラブームのバブルは完全に過去のもの。

こう見ると、トランスフォーマーはおもちゃで、ガンダムはプラモの世界で住み分けていることがわかった。
めでたい。めでたい。
と、思いきや！ワールドワイドで見ると、さらにびっくりの勝ち負けが見えるんだよ！
検索ビッグデータのサーチ範囲を世界全体にひろげると、ガンダムとトランスフォーマーの関係が逆転する。
ガンダム 12 に対してトランスフォーマー 15 でリード。
やはりここでも映画の効果が強い影響力を与えているが、映画放映以降は平均値でもガンダムより上。
元来、トランスフォーマーの原型は旧タカラが開発したものだから、日本初が世界を席巻している様はまさにクール・ジャパンの元祖じゃないかーっ！すげーっ！
グローバルと言っても、どこの国から支持が高いのか？
これもビッグデータから引き出すことができる。
支持の高い国が把握できれば、販促策の効率化も可能だし、生産数量も正確に読める。
地域を見ると、ガンダムは日本だけが主力で、東南アジアでは日本ニーズに対し 30% 前後。極東の祭り騒ぎに過ぎない。

ところがだ。
トランスフォーマーは北米、中南米はもちろん、オーストラリアや東南アジアでも広くニーズが高い！
今後のビッグビジネスの予感を感じさせる。それがトランスフォーマーの真実だ！
今、あなたから見えている流行や人気は、すべてではない。
それを見える化してしまうのが、ビッグデータの威力なのだ。

ガンダム検索地域上位７位（世界）　2004 年～ 2014 年

ガンダムの人気地域は日本がほぼすべて。

香港、マカオなどは小さい市場であり、人口の多い国へ人気が浸透できていない。
消費者人口は支持国人口の 40% と考えても 1 億人を切る。
売上げを上げていくには、リピーター狙いと、高額商品推ししか手がない。
想像と裏腹にニュータイプの人口はスペースコロニー・サイド 3、1 個分ぐらいときたもんだ。

トランスフォーマー検索地域上位 7 位（世界）2004 年～ 2014 年

これに対し、トランスフォーマーの人気地域は実に広い！
1 位にトリニダード・トバゴが現れたのは正の値ではないかもしれない (石油プラントパーツ名を拾った可能性が高く、検索から除去できなかった) が、2 位以下も興味度水準が高い。
仮に低単価商品を投入しても総数でカバーすれば売上げはガンダムの上を行けてしまう。

トランスフォーマーの予想消費者総数は 10 億 5 千万人前後。
世界中を 10.5 億台でトランスフォーム！

ANALYSIS 14

稲川淳二怪談の温度差

全国的な人気度で評価されるエンタメ系コンテンツも、よく調べると地域によって差異がある。

夏休みになれば海！花火！恋！
そんな派手なぶっ飛ばせサマーの一方で、ホラーも夏の風物。
夏のホラーでバツグンの安定感を持つのはやっぱり稲川淳二でしょー。

稲川淳二検索動向推移　2004年 - 2013年

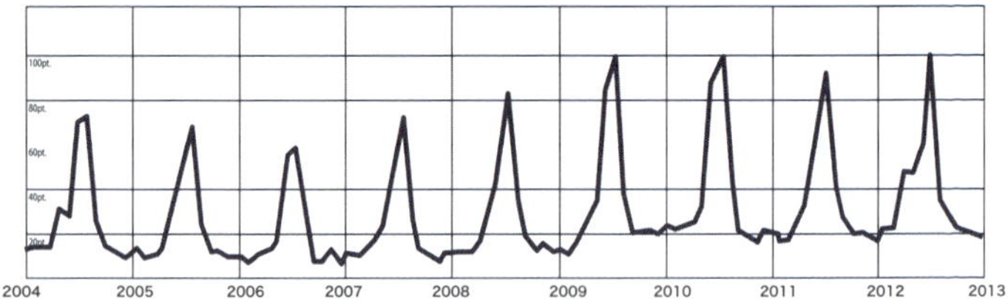

６月ごろから人気が急上昇し、イベントを繰り返してグングン天井へ。
７月末。つまり夏休みに突入と同時に人気が700%に達し、８月いっぱいで一気に収束する。
それが　稲川淳二だ。
しかし、この稲川淳二怪談。私なんかは全国区だと思ってたんだけど、調べてみると、そーでもない。意外に思わないかな？
怪談は寒い気持ちになるとか言われるが、だからって寒い地方は不要ってことはないでしょ？日本全国夏なんだしぃ。
なんなんだー？祟り？

稲川淳二 検索地域　　2004年～2014年

岩手県	100
群馬県	92
埼玉県	88
北海道	82
福島県	81
栃木県	80
新潟県	75
長野県	75

稲川淳二を検索する量が高い地域は、ほとんどが冬期に雪が多い地域に集中してる。
逆に都市圏は少なめ。ということは稲川淳二＝怪談≠寒いということになる。はて？
理由も関連キーワードから推測できた。
ライブでカバーできていない地域に限って検索数が多い。
キーワードの中に『Youtube』『動画』が頻繁に出現している事象から、『稲川淳二のライブ見たいけど、来ないからネットで探す』という答えに到着する。
また、地方の方が、妖怪伝説なんかも残っていて、要求も高いんだろーなー。
なるほど、納得。

恐怖はスポーツでもある。
つまり『サマソニ』みたいな、ハイにさせるイベントなのかも。
それが稲川淳二だ。

ANALYSIS 15

胃があいてて…って、俺だけ？

一般的と観念的に思ってしまう商品も、データ分析すると、地域分布があることがわかる。

「呑む前に飲むっ！なんちゃ〜ら〜胃腸薬」
大人になったら、長いおつき合いとなる胃腸薬。
大学コンパぐらいで飲んでるのは甘いよね。社会人になったら、契約取れなくて上司を考えるとイツツツツ！
納期に間に合わなそうにないけど、打つ手がないイツツツ！
奥さんが朝からおかんむりでイツツツツ！
月末の支払い直近！ イツツツ！
そんなシーンはよくあって、ドラマなんかでも、中間管理職の板挟みイメージを表現するために、小道具さんが薄緑のフタの瓶なんかをデスクにセットしたりしてる。
常備薬に必須！胃腸薬。
と、思ってたら、地方ローカル局で胃腸薬のCMを見ない。
あんれぇ〜？
私のチェックがヌルいのか、そこに何か本当の理由があるのか。
そこを調べなきゃ意味がない。

早速、Googleトレンドで調べてみると、意外や意外。検索面では極端な結果が出た。
想像以上に地域が偏っているのだよー。
どーなってんだ！

胃腸薬 検索地域　　2004年～2014年

東京都	100
大阪府	99
神奈川県	94
千葉県	93
宮城県	93
北海道	92
埼玉県	91
愛知県	89

大部分が都市部および通勤圏に極端に集中。
やっぱりお仕事大変ですかー。とも思うが、そればかりでもないようだ。
検索クエリの内容は『三共』『太田』『大正』の大手薬剤メーカーが顔を連ねる。
それは今使ってる胃腸薬の効果に疑問があって、他社製品を探していると推定される。
胃腸薬とは広義の呼び方で、胃がムカついたからって何でも飲みゃぁいいってモンじゃない。
ph を抑制するタイプや、H_2 をブロックするもの、消化薬や整腸剤など促進系と多様だ。
その点がわからないで、いろいろ試してるんじゃないかな？
あるいは古来の『富山の常備薬』が浸透してない地域がある？
それはどうだろう？
薬チェーンは全国展開してるからなぁ。却下（笑）。
宮城県だけ東北で突出しているのは震災後のストレスですね。
この問題のケアはまだ遅れている、社会問題だな。

POINT

あなたの宇宙は小さい。

勘の問題とも関連する話。
あなたの常識。御社の常識は、どこでも通じるものではない。
それはあくまでも見えている範囲の小宇宙に過ぎない。
紀元前4世紀に世界征服を目指したアレキサンダー大王は世界征服はすぐにでも叶うと考えていた。
裏づけは、当時の「世界」が地中海を中心とした、いたって狭いものだったからだ。
しかし、地球の表面積は5億1千万 km^2 あり、一人の指導者と相応の兵団だけで征服するには広過ぎたところに失敗がある。
地球が広いことを今のあなたは知っていても、それでも視界に入っている文化や常識はほんの一部に過ぎない。
地方ローカルを知らなかったり、逆にそれしか知らなかったり。
さらにグローバル展開するとなると、見えていない違いは広大である。
広い観点を持つには、幅広い人脈やリサーチも有効であり、いっそそこへ移住しないと得られない。そうした点でビッグデータ分析は支援に効果的な見地を広げるリソースになることができ、速さ、数値化、多様性、現地調査の面では越える。
あなたのビジネスが地域と関係あるものであったとしたら、迷わずにビッグデータを積極的に活用すべきだ。

Chapter 4
人の心をデータから読む

データを活用するには言葉の「文脈」からストーリーを読む。

ここまでは、どの言葉がどんな時期にどれだけ検索されているかという点と、その量を比較することで、どの地域に分布するかを紹介してきました。

この本をここまで読まれた方なら、もしかしたらやってんじゃないかなー？

リーマンの方なら自社の企業名、あるいは取扱商品や、出身校をGoogleトレンドや、リアルタイムに入力しちゃったり。どう？

あるいは競合企業と比較してみちゃったり。

自分に関わるワードがアゲアゲだと、そりゃぁ気分もアガる。

しかし、この結果判断がなかなか難しいんだよ。

その時に『Googleトレンド』なら関連キーワード、『リアルタイム』ならツイートの内容を見たかい？

Googleトレンドの場合、『関連キーワード』に社名そのものが出現していれば、CI（ググれ）が成功しているワケだし、商品名が出現していれば、商品自体がブランド力を持てている証拠。

これは喜ばしい！ パチパチパチ。

ところがここに『年収』『年俸』『採用』なんて出現していたら、それは単なる就活に利用されているだけ。

これはよくあるなー。

まぁ、出るだけマシだけど、その検索した対象者はお金にならないから、企業努力がまだ必要だってことなのよ。

心して責務に徹して下さい。
それはナメられてるだけだからさー。
『リアルタイム』に社名とか商品名が出てたら、ベストツイート中心にツイート本文をバリ読むべし！
けっこうキツい発言多いよー。心折れるかもしれない。
Twitterの怖いところは、最大評価or最低評価の拡散だから、痛いところまでつついてくる。
「あの会社ブラック決定！」とか「株価は下げ」とか、感情剥き出しでくる。
たまーに「さすが○○社！オレを入れてくれー」ぐらいのポジティブ発言もある。それは小ガッツものだね。
ネットの中身は怪物がいるから、情報リテラシーで完全武装して行くべし。
さて、そのおっかない取り扱い注意データをいかにして飼い馴らすか。いやいや、活用するか。
それはデータに紐づいてる関連キーワードや地域、徹底してやるなら、ググりながら、データに散りばめられた点をつないで線にし、ストーリーという３Ｄに組み立てると本質が見えて来る。
このチャプターでは、そういったデータサイエンティストに迫るテクニックをあなたに教えちゃいたいと考えています。
そこにはあなたも想像できなかった社会現象や、「やっぱなー」ものの裏づけを見ることができるでしょう。

さぁ、ビッグデータの中核へLet's go！

ANALYSIS 16

チビ太増殖か？一年中おでん三昧

固定概念に捕われない生の声をブログから得られる。
そこでは新市場や新ニーズを発見できる。

近年は春も梅雨も短くて、激しい猛暑にゲリラ豪雨が、なんだか体の調子をぐりんぐりんに狂わす。
食の感覚もなんだかおかしくなっちゃうぜぇ。

冬は温かい食べ物が売れるんじゃないか？
夏は冷たい食べ物が売れるんじゃないか？
ふつうはそう思うが、実はそうではないのがクロスマーケティング（ググれ。慎重に）の面白いところ。
例年はどうか。まずブログに登場する食べ物に関する固有名詞を調べてみる。
それをランキング形式で見てみよう。

食品名称のブログ内出現ランキング

2009年9月～11月

	9月	10月	11月
1位	鍋	鍋	鍋
2位	おでん	ラーメン	アイス
3位	ラーメン	アイス	ラーメン
4位	アイス	おでん	おでん
5位	うどん	肉まん	うどん

2010年6月～9月

	6月	7月	8月	9月
1位	アイス	アイス	アイス	アイス
2位	かき氷	かき氷	かき氷	ラーメン
3位	カレー	カレー	カレー	おでん
4位	ラーメン	ラーメン	ラーメン	かき氷
5位	スイカ	スイカ	そうめん	カレー

9月から不動の1位は鍋っ！
他にも「おでん」「ラーメン」といった温かい食べ物が名を

連ねる中、注目すべきは冷たい食べ物「アイス」である。
寒い時にアイスが食べたくなる人が多いように見えるが、具体的にはどのようなシーンでアイスを食べているのだろうか？
ここではPCで『kizasi.jp』を使用。

冬、アイスのブログ出現時の関連語　2013年11月15日

11月15日(金)に語られた冬あるいはアイスといえば…

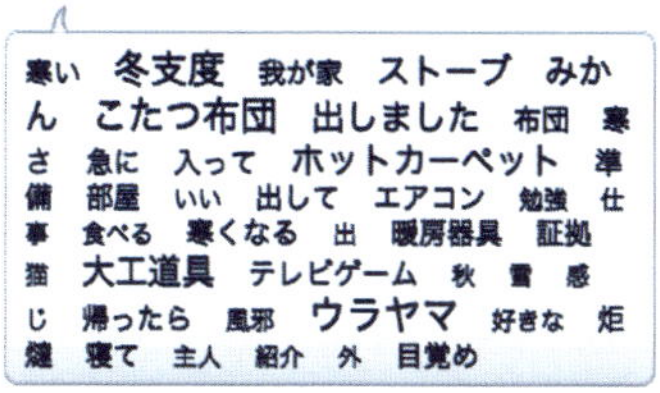

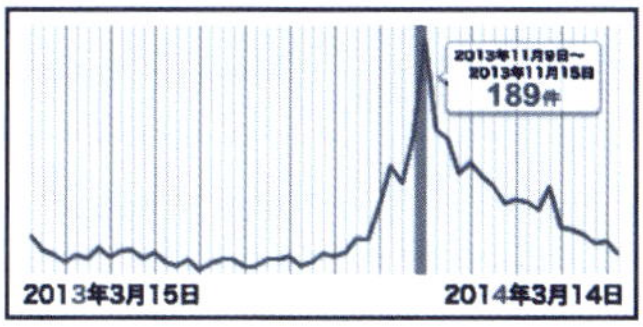

「冬」と「アイス」が併記されたブログを抽出してみると、特徴的な言葉には「家」「こたつ」「ストーブ」「鍋」などが登場し、「冬の醍醐味は、こたつでポカポカしながら冷たいアイスを食べること」「鍋で暖まった後のアイス最高。冬のほうが食べます」といったコメントが多く見られる。
「外気は低くても屋内で暖を取る機会が増える冬だからこそ、アイスへの需要が高い」という実態がブログから見えるのが近年の傾向だ。

ということは逆に、暑い時に食べたくなるのは、冷たい物だけ！とは限らない。
夏期に「暑い」と「食べたい」が併記されたブログを抽出し、ランキングを調べてみると「アイス」や「かき氷」に次いで、「カレー」「ラーメン」「おでん」が挙がっている。
胃袋へ信号を送る脳は、これだから油断ならない。

おでんとアイス。
この需要は夏冬で微妙に席を譲り合うのが通年の常識。
冬にはおでんがメインで、アイスがサブ。夏にはアイスがメインで、おでんが……。ところがそのおでんとアイスの関係が年々崩れ始めている。

おでん、アイスクリーム検索動向推移　2004年〜2013年

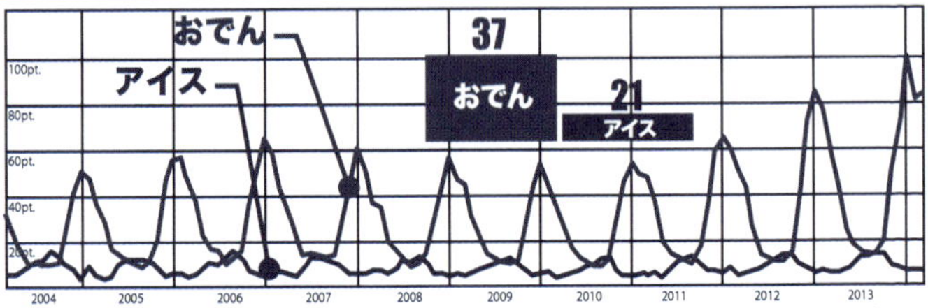

平均的に、春先から秋までがアイス。おでんは9月後半に上昇していた。
それが2013年となるとかなり違う。
8月の前半だけ、アイスがおでんと同規模に並ぶだけ。あとは通年完敗。
史上最強と言われた猛暑だったのに、なぜおでん？
原因は35°Cを超えるとアイスのニーズが失速する法則があるんだな。

おでん、アイスクリーム検索動向推移　2013年

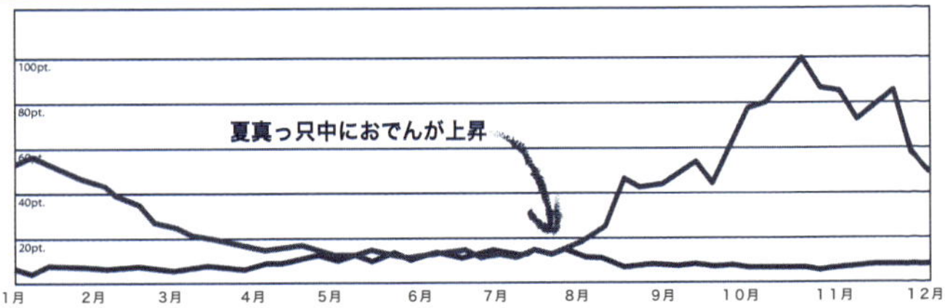

暑すぎる→クールビズも限界！オフィスでクーラー設定温度

を下げる→ OL は寒さに耐えている→昼休みはおでんが欲しい。
こんな流れが見えてくる。こーなってくるとコンビニの仕入れ体勢も変わってくる。
レジ横のおでん鍋を 1 年中配置することで“取りこぼし”を抑制する策が考えられる。
コンビニ業界はこの現象に気がついているんだろうか？地球温暖化を食い止められない異常気象の世界の真ん中で、おでんは叫ぶ。

「夏も店に出しとけ！」と。

ほかにもあるぞ！季節モノ

夏でニーズが急上昇するもので、男性には気がつかないものの代表と言ったら、生理用品です。年間平均は『ナプキン』が 79pt. に対して、『タンポン』は 34pt. と 43% 程度だけど、夏は大活躍。
6 月中旬から上昇を始め、7 月中旬にはナプキンと同比に到達し、8 月初旬にはタンポンがナプキンを 11pt. 超えて 96pt. と、頂点を迎える。
この季節にタンポンのＣＭが増加しているのに気がついていました？
その後のタンポンは８月いっぱいで降下し、９月には平均値に帰る。
ここにオンナノコの夏の活動量があてはまると、私は推定しますね。
夏服が薄いからナプキンにバイバイして、夏休みは海へ山へ Let's Go ！
そして夏の終わりとともに、秋ファッションが来て、ナプキンに帰る。
ティーンはやっぱりタンポン避けたいし、吸収力や信頼性ではやっぱりナプキンでしょ？
ファッションと活動範囲と生理用品は因果関係がバッチリあるのです。

ANALYSIS 17

野球？サッカー？そしてワールドカップ

大イベントに便乗するメディア。しかしそれは短期的なものか、永続的なものか。真の数値に商機はある。

サッカーのワールドカップ。
開催年は必ず盛り上がる。
スポーツパブも大騒ぎ。渋谷も大騒ぎ。DJ ポリスも出動。
サムライブルーの全力健闘！外国勢の中にニッポンがいる。

それだけが感動の要因だろうか？

感動。それは突然やってきて、そして消える。それが感動。
この 1 年の間にあなたは何回感動した？これがグラフ化できるんだな。
ブログに記録された数を統計すればわかる。
これを『フォークソノミー』と呼ぶのはもうググったよね。
kizasi.jp からアクセス、キーワードと関連性の高いワードをならべる。
これでこの 1 年間の感動が数値化できるんですわー。
覚えているかな？ 2010 年第 19 回 FIFA ワールドカップ。
南アフリカで、サムライブルーが点差 +2 で 9 位まで行ったあの年はとにかく盛り上がってた。

具体例は次ページにて。

感動に関するブログ内記述動向推移 2009 年 6 月～ 2010 年 6 月

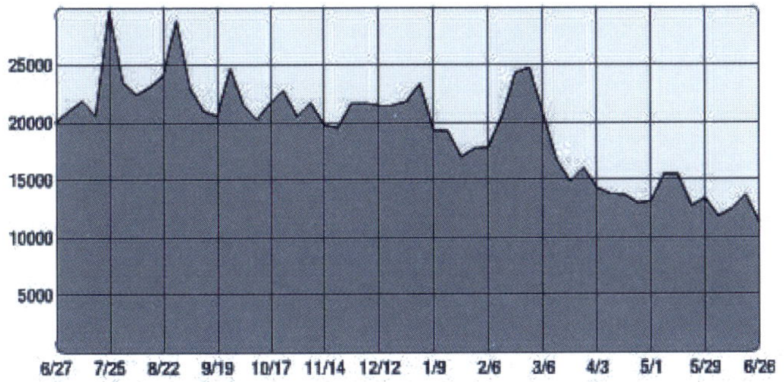

感動に関するブログ内記述頻度時系列 2009 年 6 月～ 2010 年 6 月

上記グラフの各期間内で「感動」をテーマに話題になった言葉							
日付	順位	頻度	キーワード				
2009/07/06	7	21835	追悼式	マイケル	ロディック	七夕	鳥肌
2009/07/20	1	29646	皆既日食	日食	ダイヤモンドリング	２６時間	部分日食
2009/08/24	2	28755	日本文理	２４時間	イモト	中京大中京	高校野球
2009/09/21	4	24615	突破チャリティ企画	ブログ３００万人	クレヨンしんちゃん	景色	運動会
2009/10/19	6	22730	胴上げ	野村監督	流れ星	ノムさん	オリオン座流星群
2009/11/02	8	21680	マイケル	松井選手	松井	ＴＨＩＳ	紅葉
2009/11/30	9	21631	内藤選手	紅葉	イルミネーション	亀田選手	ナイツ
2009/12/28	5	23300	箱根駅伝	紅白	初日の出	一年	ライブ
2010/02/22	3	24715	真央ちゃん	銀メダル	オリンピック	鈴木選手	女子フィギュア
2010/03/22	10	15945	卒園式	卒業式	最終回	感動的です	高橋選手

2010年6月26日より前の53週間の『感動』が前ページのグラフ。

マイケルの死去あり。
皆既日食なんてもう忘れてたね。
東北楽天のクライマックスシリーズ進出も、あった。あった。
内藤vs亀田戦は視聴率高かったな。
オリオン座流星群なんて忘れてたし、秋はやはり紅葉に感動するもの。
箱根駅伝あり、バンクーバーでは真央ちゃんの全力の演技。
3月はみんな個人的に感動してます。
このフォークソノミーの手法で、キーワードに『ワールドカップ』を入れてみる。

ワールドカップに関するブログ内記述動向推移 2013年1月～2014年1月

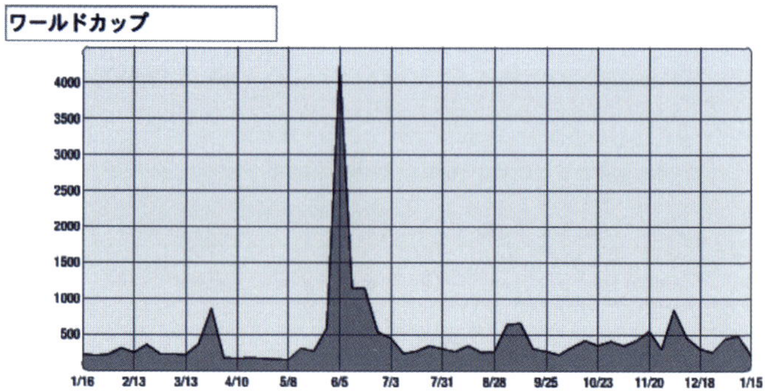

Ｗカップに関するブログ内記述頻度順位　2013年1月～2014年1月

上記グラフの各期間内で「ワールドカップ」をテーマに話題になった言葉							
日付	順位	頻度	キーワード				
2013/06/03	1	4236	ワールドカップ出場決定	オーストラリア戦	５大会連続	本田選手	アジア最終予選
2013/03/25	2	854	ヨルダン戦	ヨルダン	アジア最終予選	ワールドカップ出場決定	オーストラリア戦
2013/12/02	3	840	ワールドカップ２０１４欧州予選	コートジボワール	ブラジル大会	コロンビア	国際親善試合
2013/09/09	4	655	過去２００２年	スタジアム建設費	カタール	合同開催	２０２２年
2013/11/18	5	543	トップビジネスマン	開業チャンスシリーズ	ベルギー	レジェンド	ベルギー代表
2014/01/06	6	481	バートミッテルンドルフ	フラインゲヒル	葛西紀明	Ｋ点１８５メートル	土屋ホーム
2013/10/14	7	415	Ｕ－１７ワールドカップ	本大会	プレイオフ	ベラルーシ	本大会出場
2013/10/28	8	407	大道芸ワールドカップ	大道芸ワールドカップｉｎ静岡	Ｕ－１７ワールドカップ	大道芸ワールドカップｉｎ静岡２０１３	Ｕ－１７
2013/02/18	9	351	リュブノ	ワールドカップ総合優勝	高梨沙羅選手	個人総合優勝	ノルディックスキー
2013/08/12	10	341	ウルグアイ	ヒットラーの子孫たちは去れ！	ワールドカップ優勝	フェンシング選手	ウルグアイ代表

結果はやはり６月の出場決定に次いで、4,000を越える記述がブログに登場する。

もちろん本田圭佑選手への期待も大きい！この総数、年間に何度も登場する。

ブログで書いているということは、誰かにも伝えたいほどの感動！あの渋谷スクランブル交差点の騒ぎは、にわかではなく、本物だったんだなー。

個人ごとで恐縮ですが、実はね、私。サッカーぜんぜんわかんないんですよ。選手も、ルールも。オフサイドって何？って感じ。
むしろ、プロ野球だなー。
清原とかデストラーデあたりから観てるな。
だから、野球とサッカーの温度差がわからない。
そこで、両者をGoogleトレンドで比較してみると、どうだ！

野球、サッカー検索動向推移　2004年 - 2013年

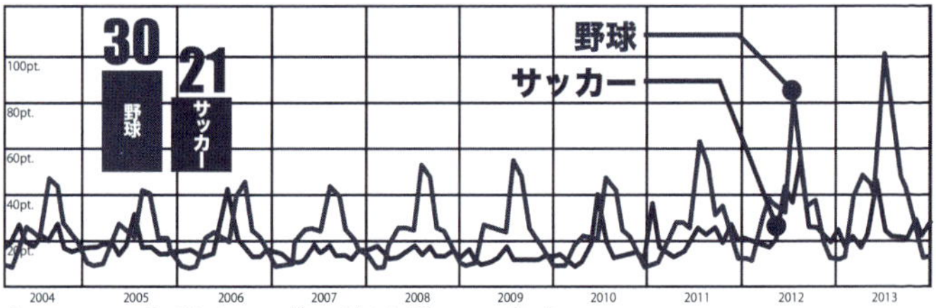

あのワールドカップの熱はどこへやら。
相対的にサッカーは野球の70%に過ぎないボリュームで、しかも、年によって波にバラつきがあり、フラクタルになっていない。あっらー。想像外。
それに2013年はJリーグ20周年だったのに、盛り上がりを見せない。
対する野球は、開幕戦、セパ交流戦、オールスター（+甲子園かな）の流れでフラクタルが正になっているし、第一、年々大きくなってると来たもんだ！
どーゆーコトなんだい？一体。

国内の試合。プロ野球 NPB とＪリーグ JFA では全体的に NPB が支持されている。
だいたい中継がただでさえ少ない野球のお寒い現状で、観戦者は満席御礼。意外でしょ？
これに対しＪリーグの中継って、ないよねー。応援番組ぐらいだ。

野球とサッカー。どっちがメジャーか論議。
ひとつ考えられるのは、テーマパークに置き換えて考えてみるとどうだろう？
テーマパークは長年維持するには、２年程度のスパンを置いて新アトラクションを投入しないと、アテンダンスは激減する。
あちこちで消えて行ったテーマパークは、みんなそうだった。
ただし、期間限定モノは強い。
夏に地上波テレビ局が仕掛ける夏休みイベント。
愛知博や大阪万博のような、博覧会も期間限定「今、来ないと行っちゃうよー」的なイベントは、もう“やり逃げ”的な集客。

ワールドカップって、期間限定だからアゲアゲなんじゃないかな？
オリンピック＆パラリンピックにもそんな感じがあるね。

FIFA ワールドカップは確かに、国民的行事。
でもその理由は、期間限定効果で決まりだ！
４年に一度のお祭り騒ぎなら許す。って、私が言うかー？

「よねぇ～ん経ぁ～ったら、まぁ～た会～ぃまぁしょと～♪」
三波春夫先生はそこんトコ。気がついてたのかも（笑）。

ANALYSIS 18

ブルガリアヨーグルトですが、何か？

常にささやきが流れるTwitterだが、ちょっとでも悪評が回れば株価に影響する。企業がコントロールする時代だ。

検索エンジンデータ。
ブログデータ。
このようなものは、ある程度の区切りでまとめて見られるので、じっくり観察できる。
しかし、Twitterは常にツイートが流れて来るので、その場で追い続けないと有力なささやきが流れて行ってしまうから、やっかい。

まるでインターネット普及初期、nifty serveのフォーラムの文字チャットのようで、目が回りそーだよ。

だが、そんなTwitterビッグデータの中にも重要な情報が含まれているから見逃せまい。
そんな時に便利なのが、急上昇ランキングだ。
今さっき情報番組で流れたヒトコトが瞬発的に上がっていたり、小さいニュースがぽっと上がって来たり、それは消費者の感情の猛烈な大河のようだ。
その中に浮かぶ企業情報は必ずキャッチしたい。
いや、しなければならない。時にはマイナス要因になる可能性のある風評も含まれているからだ。

2014年2月18日。
日本全体が連日の激しい雪にてんてこまいをしていた、その日に騒ぎはツイッター内で起きた。

キーワードは『明治ブルガリア ヨーグルト』。
大型カップの、健康志向としては国内の先駆け商品が、今、なぜ？

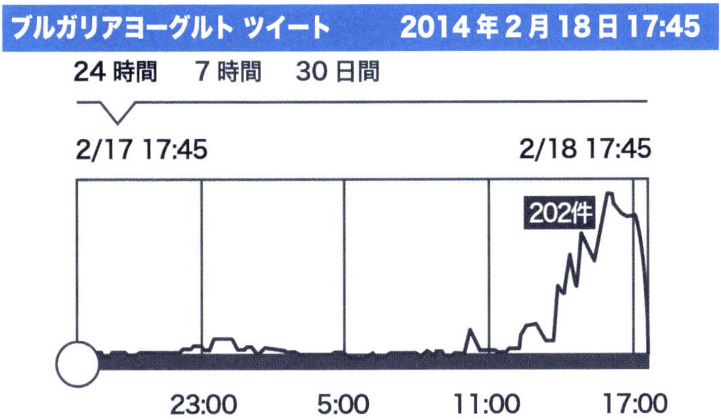

なぜだ！
なぜなんだ？
なんでこんなタイミングでブルガリアヨーグルト？
まさか先日の豪雪で供給されないものの中にブルガリアヨーグルトも入ってるの？

リアルタイムで随時上がって来るツイートをよーく読むと、その原因がわかった。
ブルガリアヨーグルトを買うともれなくついているパックの砂糖。
長年おなじみのアレですよ。
アレが2月末に同梱廃止になるっつー話題で盛り上がってる。

さらに調べて行くと、前日の 17 日にはブログのエントリーで、この 1 年で最も最大のエントリーが！

ブルガリアヨーグルト フォークソノミー　2013年3月19日～2014年3月18日

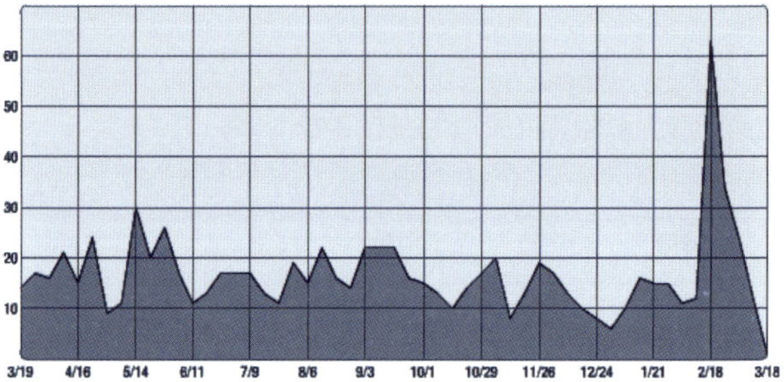

上記グラフの各期間内で「ブルガリアヨーグルト」をテーマに話題になった言葉

日付	順位	頻度	キーワード				
2014/02/17	1	63	砂糖添付	砂糖	砂糖添付終了	添付	ブルガリアヨーグルトＬＢ８１プレーン

17 日に同梱廃止を知った人が、翌日のランチタイムに話題にしたところから広がった可能性もある。

まぁ、社会的には影響のない話題だし、どっちかと言えば笑える「えーっ！」程度。
ただ、リツイートの中心があまりよろしくない。
まとめサイト『ハムスター速報』発だからだ。

この一行が３時間内に415リツイート。
詳細が含まれないから、ネガティブに拡散させるユーザーも多い。
「物足りない」
「残念だ」
「悲しい」
「陰謀だ」
「そこでコストカットか」
「明治は倒産するのか？」

風評は悪質なほど拡散しやすいもの。
この１日は明治への批判ツイートに展開する状況が続いた。
これだけでも企業へのダメージはある。
明治ホールディングスの株価が出来高ベースで前日比377,900→142,900へ降下した。
ホント。風評って怖いもんだ。

ケッキョク、明治が翌日に公式ホームページで正式発表をするという“後追い”で終息した。
砂糖排除の正体は、製法向上でヨーグルト自体が甘くなったので不要になったというもの。
実態がわかれば、なんてこたぁない騒ぎ。

明治はこの程度で終わって助かったほう。
リカバリーもなくネガティブな拡散を放っておいたら、企業信頼自体を落としかねないツイッター。
また、急上昇ワードに限ってその種を含んでいるから、企業や芸能人にはおっかない。

しかし、この日。
山梨県なんか陸の孤島になるほどの記録的豪雪。
その間に都知事選あり、ソチオリンピックの盛り上がり。
その中でブルガリアヨーグルトの砂糖で騒ぎになるとはー。

人の関心の方向性は油断ならん。
これからの企業は、チラシとかWebサイト、商品包装に印刷なんて緩い告知ではなく、公式Twitterアカウントで誤解を招かない、正式発表を素早く発信＆拡散できる体制を作っておかないと、本当に株価の不意な降下。その先に倒産の危機も避けて通れないのだ。

やっかいな時代だ。

ビッグデータをうまく活用できれば、カバーできる範囲は広大に広がる。
企業がビッグデータに取り組むのは収益を得るため、あるいはビジネスに活かしたいというのが一般的だけど、今現在のテレビメディアなんかは、「ビッグデータでこんなことがわかる」で終わっちゃって、ビッグデータの紹介が中途半端になっているような感じ。
だから、まだ、理解してない人はソッコー思考停止する。
本来はさらに、「こうわかるからこうする」という話まで踏み込むべきなんだろうけど、そこまで話が進められないのは、やはりまだ、ビッグデータの扱い方が本質的に理解されてないからじゃーなかろか。

市場調査もビッグデータ分析だけど、直近で企業に寄与する最も重大なミッションは、**「好感度を上げる」**という使い方。
たとえば、全国レベルで展開したい場合、対象としている地域から全国規模で、何が一番活発に検索されたりツイートされたりしているかを知っておけば、それに対する施策を主張すると「あっ、わかってるな」と好感度を上げることができるでしょ。
あるいは著名人に商品に関連するキーワードをあえてつぶやいてもらって、そのときの反応をリアルタイムで見ながら商品開発に活かすなんてのも、クレバーな活用法じゃないかな。

あるいは個人レベルで言えば、検索ワードやツイートなどを見て「ああ、こういうことが話題になっているんだ。よし」と調べて職場に行って、「○○の新しい味が出たんだよ」「買ってきてみんなで食べようよ」「おおすごいね」という使い方もアリ。

私の場合、「売れる商品を作りたい」「商品が売れなくなった」といった相談がクライアントから来た時は、「では、データの検索量で見てみましょう」なんて、データの最終的な結果だけを見ることはしないの。
ゼロからスタートした時の変化を見ながら考えていく作業を行うのがオーソドックス・パターン。
仮に、ダウントレンドでネガティブなデータが出ても、そこからネガティブな要因を拾い出して、そのネガティブを払拭する策を発案、提案していくスタイルなんですよ。
どんなデータであっても、プラスに使わなければ意味がない。
結果的に数字がよくないものでも、他のものと結びつけることで活路は見つけられるものだから。

そこが**ビッグデータの最大の技。“気づき”が重要**である。
っつってー、コレってマーケティングの基礎の方に行っちゃうけどね。

まとめサイトに気をつけろ！

ネット上には『まとめNAVER』や『まとめWiki』など、まとめサイトが無数に存在する。
ニュースリソースを独自に収集している健全なサイトもあるが、多くが炎上に便乗したり、芸能スキャンダルなど“食いつき”のいい内容のサイトがほとんどである。
その中でも『コピペブログ』に類するサイトは、ＳＮＳなどから盛り上がったテキストを、その真偽を確認せずに、スピード重視で文字どおり“コピペ”する、芸能人や政治家、大手企業にとっては、ガセネタ拡散の可能性が高い種類のまとめサイトである。
『ハムスター速報』は、過去に産地偽装ネタでＪＡ熊本を不当糾弾した事例がある。
とにかく非リア充にウケのいい話題をガセであっても発信するので、情報リテラシー耐性のない人はすぐに信じ込んで短時間で拡散させる活動は、まさに芸能人や政治家、大手企業にとっては脅威であり、株価下落や、好感度低下の要因になりかねない。
これに対抗するには、ターゲットにされる側がブログやTwitterなどで公式リソースの活発かつスピーディーな“先手”を打つ防衛策が必須だ。
コピペブログは『ハム速』以外にも『ニュー速ＶＩＰ』など多く存在する。
企業や芸能事務所の一部では、対策専門部署を組織して防衛にあたっている。

ANALYSIS 19

市民が求めるもの当てゲーム

SNSを有利に活用する重要性を2014年の東京都知事選と大阪市長選から探る。

日本で2012年4月19日に「インターネット選挙運動解禁に係る公職選挙法の一部を改正する法律（議員立法）」が成立。そしてFacebookやTwitterが選挙に実投入されたのが、同年7月4日に公示された第23回参議院議員通常選挙が最初。

だいたいあの選挙にビッグデータの効果があったかどうかが曖昧なままだよねー。
与党はタブレット使って積極的に利用したって、情報もあったけど、ケッキョクは支持基盤の国だものねぇ。
「カッコつけじゃないの？」なんて、ひねくれ者の私は冷ややかに見てました。
と、一服する間もなく引き続き都知事選かーっ！まじかーっ！
なんだか争点が『非原発』になっちゃってたけど、東京都の有権者は都知事選に何を求めているのか把握していたのか？
案外とその点を突いたメディアは少なかった。
舛添v.s.細川の構図ぐらい。
あそこまで来ちゃうと政策論争でも、マニュフェストでもなくて、ゴジラv.s.モスラ大決戦！みたいな、よーわからん選挙論議でした。
茶番だよ。確かに小泉純一郎だけはキャラ立ってた！

しかし、ビッグデータ解析をさせりゃぁ、すぐに実態が現れるのにねぇ。
選挙期間まで直近１年の都民の関心事＝本来のマニュフェストに求める課題を探ってみましょう。
見てるー？細川さん！舛添さん！宇都宮さん！田母神さん！

インプットは『雇用』『都市開発』『原発』『保育園』『介護』。

雇用、都市開発、原発、保育園、介護の検索量（東京地区）
2013年１月〜2014年１月

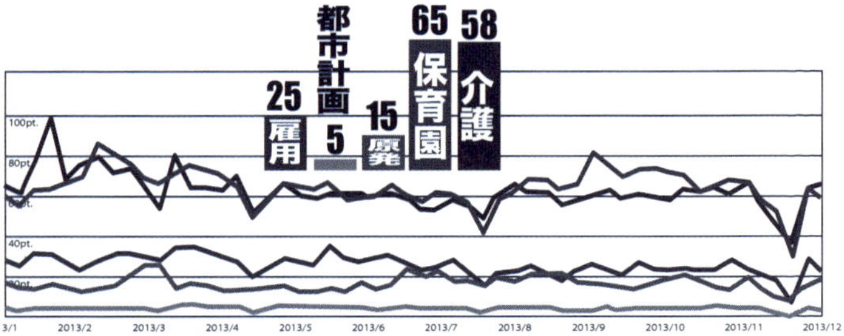

細川＆小泉タッグが大プッシュした『原発』とかは明らかに低め。
確かに非原発は今後の重大問題だけど、等身大の課題は別に。
さらに Twitter に度々上がる『都市開発』はかなり低い関心度。
直面する課題としてはまだまだ小さいんですよー。
つまり原発完全撤廃を訴求するのは的外れだったワケ。
それに比べてダントツの関心事は『保育園』。
少子高齢化が問われて久しい『介護』も同じ波形を描いて推移。
東京都という過密都市では、保育園や特養ホームの敷地を確保するのが、極めて難しい。もちろん人材不足も含まれる。
『未就学児童』と『要介護者』という、日本の経済を立て直すためにも働かなけりゃいけない層を圧迫する二大問題。
そうそう。やっぱ、そこに東京の課題はあるのよ。
待機児童問題は全国の都市圏でも深刻だが、東京に限っては2011年頃から急激に跳ね返っている。
要介護者施設は都内に作ると地代が高額で、生活の圧迫になる。

そこに東京都民が直面するヤバさがある。

東京オリンピックを語るのも、それはそれでいい。
原発だって未来に向けての課題だよね。
だが、まず目先の赤ちゃんとおじいちゃん、おばあちゃんを助けてと都民は訴えてる。某候補は訴求点がズレまくり。

選挙はしらけたムードで展開し、やむなく舛添新都知事で終了。
この都民の声なき声を、候補者はキャッチできないのはなぜか？
側近やブレーンのアドバイスをすべてと勘違いしてしまった点にミスがある。
自分だけの小宇宙。
ほぅら。また、ここでも勘のドライブだよ。

選挙にこそ、ビッグデータを活用しなさい。

この都知事選挙と似て非なる例が、同年の大阪市長選。
アレを私は『リアルタイム』でTwitterのオンタイムで観察してたのね。
結果的に、橋下徹氏が辛くも勝利を収めたけど、そこまでには裏の展開があった。
選挙期間中にマック赤坂氏が高い支持をけっこー長く得てて、「うお！このままだとマック赤坂、初当選しちゃうぞ！」って空気。横山ノックが府知事になる土地柄だもの。ありうるかも。
過去 10 回の落選にもめげないマック赤坂！
もう泡盛候補と呼ばれない日が来るんじゃないか⁉
そんな勢いで、橋本徹候補を見下ろす位置にツイートが展開。
「マックがまともに見えて来た」
「マニュフェストがリアリティある」とか、長年のマック氏の夢が実現かっ！って瞬間があった。
「こりゃー面白くなって来た」と思ってたその時、大事は起きた。
やっちゃーイケない “DIS る事件 ” です。
よせばいーのに、橋本氏の演説先にマック氏が駆けつけたんだか、偶然遭遇したんだかのその時。マックはやったね。
橋本批判を始めちまったいぃぃ！
マック赤坂ー。あーたのマニュフェストは『スマイル』じゃなかったの？
この言動に、その場にいた有権者が一気にツイート実況開始！
「マック見損なった」
「ありえねー。マック。これじゃノースマイルだぜ」
「帰ります」
やーっっちまーったなぁ！
当選の可能性目前で支持率急降下。
結果、橋下氏が圧勝（とも言い切れない得票数なのだが）。

SNS。怖いねー。

一般市民がorz情報を拡散する時代。
ベタだけど、今後の選挙は確実に、SNSを味方につけ、ビッグデータを活用して多くの選挙民が何を望んでいるかを調べてマニュフェストとして訴求するようになる。
選挙活動中はマイナスになる言動を拡散されないように注意して、プラスのみを取り入れるといった活用ができる候補者が、選挙を勝ち抜く時代になるんだろうね。

自民党はメディアチームを作って、公式ツイートやfacebookといったSNSを最大限に活かしていると思うな。
あそこのネット対策は、どこかの大手広告代理店が入っているとしか思えない鋭さ。一方で民主党がTwitter未完備という遅れ感。
昔は労組とか組合とかの集団票を確保さえできれば勝てた選挙。
今はもう違うな。
ビッグデータのリアルタイム分析力と、SNSを活用した発信力が決め手となると思う。

ブログで発信をミスって炎上、のちに自殺にまで追い込まれた地方議員のでき事。
あれを忘れちゃいけない。あのでき事から学びを得るべきだ。

ANALYSIS 20

人は常においしい食を求めてさまよう

現代の最もポピュラーな調べ物は、実家の母でもなく、ママ友でもなく、Web だ。料理ナレッジの元を探り出す。

ビッグデータ分析をしていると、時々行き詰まる場合がある。
「なぜ急変があったのか？」
「どうしても有効データ量が得られない」
「なぜフラクタルを描いているのか理由が不明」
「だいたいデータに上がって来ない。全国展開しているのに」
とか。

ビッグデータ分析で、データサイエンティストが心がけるべきブレてはいけないスタンスは「無感情に数値と向きあうこと」だ。
このスタンスだけはブレてはいけない。
「結果ありき」でデータを曲げてはいけない。
あくまで、その場に出現した数値を使って、ストーリーを導きだす旅のようなものだ。

じゃぁ、行き詰まった時はどうするか？
関連キーワードから分岐して、別角度からフォーカスするっつーのも有効だ。

例えばクライアントから「料理のトレンドを分析して欲しい」と依頼があったとする。

最近は料理男子なんてコトバもあるし、ロフトの料理道具コーナーも便利な器具が続々出て来て、面白い。
「これはアップトレンドが出るかな？」と思ってデータを出すと、こう。

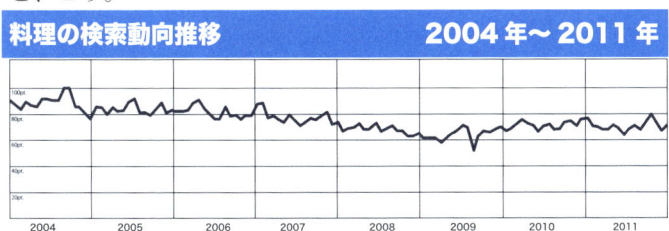

料理の検索動向推移　2004年〜2011年

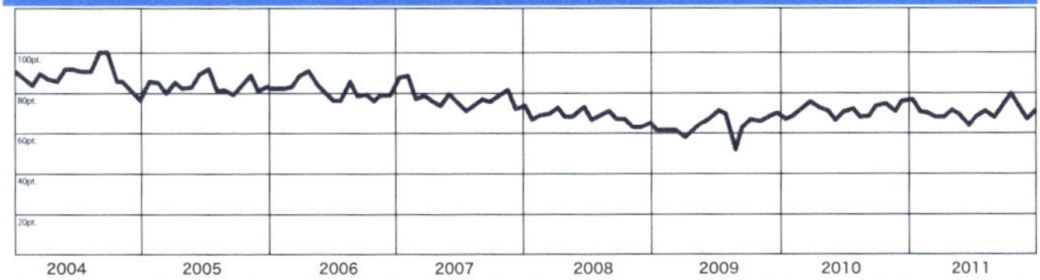

毎年12月にピークがやや発生するものの、それも近年は際立たない傾向だしー。
ダウントレンドのようで、この10年の差は20%弱をうろちょろ。不明。
地域性も東京を筆頭とした大都市圏中心だから、人口の密集度に比例しているとしか言えない。
これじゃさー。分析の入口も見えない。困った。
こんな場合は、付随して上がって来る『関連キーワード』から分岐して遠回りする。

料理の検索 関連キーワード　2004年〜2011年

関連キーワード

人気		注目	
レシピ	100	クックパッド	急激増加
料理レシピ	95	食べログ	急激増加
韓国	55	料理ブログ	+2,250%
韓国料理	55	おもてなし料理	+90%
中華料理	45	台湾料理	+70%
タイ料理	30	料理研究家	+70%
料理教室	30	蒸し料理	+60%

検索をユーザーが入力する際に、複合して（あるいは含んだワードの一部として）入力した関連性が高いキーワードが上がって来る。
この中からどれを選んで比較するかにはセンスが問われる。
トップレートだけを拾えば良いだけではない。
『人気』が 100pt. だからって、そこを追いかけても、どんどん曖昧になって行くだけ。
ここにアナリストの経験量や社会的知識、文系センスが必要な側面がある。
これを見れば以下の分類ができる。

・メディア別
・タイプ別
・テクニック別

クックパッドと食べログと料理ブログで比較は有効だし、韓国料理と中華料理とタイ料理と台湾料理の比較も有効。
おもてなし料理も適切なキーワードがあれば、比較したいところだなぁ。
クライアントが記事企画や番組企画のための依頼であれば、メディアを集めて分析してみよう。

料理メディアの検索推移　2004 年～ 2011 年

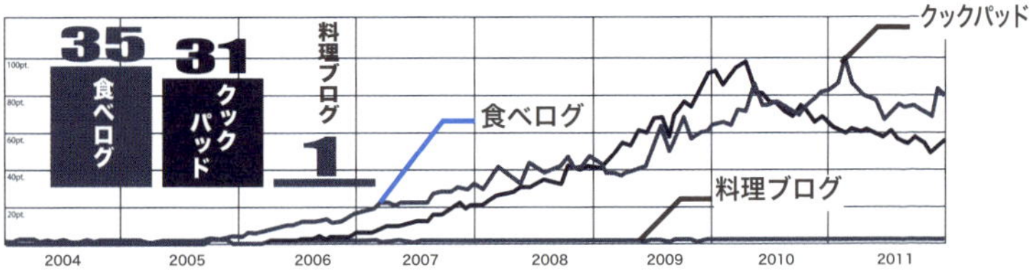

クックパッドは 2006 年頃から上昇を開始し、5 月のアクセス

をきっかけに上昇する傾向にある。
『料理』にあった12月のピークはなく、直近では2013年2月に最大値を得たが、以降は、むしろダウントレンドに向かいつつある。
クックパッドの使い勝手自体が限界に達してしまったと考えられる。
一方、外食系である食べログは2007年から上昇を開始し、3月、4月、12月という宴会シーズンにニーズが増加することでアクセス件数を増やしてきた。
しかし、2012年2月の“やらせ騒動”をきっかけに下降傾向にあり、ピークの50%まで衰退。
料理ブログは一定少量の安定したアクセスがあるが、クックパッド、食べログの比ではなく、一部以外への影響力は小さい。
サークル活動的な側面が見られる。

メディア系料理情報は、さわりではあるが、このように観察できる。

過去にはメーカーが一般ブロガーを偽ったステマ広告を行って、すぐにバレて逆効果だったこともあった。
食べログもやらせが見えちゃうと、信頼性が激しく低くなったことはデータ上でも明白。
リテラシーがネット情報にブレーキをかける。
ここのところのクックパッドの伸び悩みも似たところがあって、2012年2月より店舗から投稿機能が追加された策が裏目に出た感がある。

店舗は自店のネガティブは絶対書かないから、スルー対象になってしまう。

あたー！やっちゃったな！

料理についてアクセスするユーザーは真実だけが知りたいのだ。

それが答えだ。

これが料理別だとまた違った消費者意識の変化が見えて来る。

韓国料理、中国料理、台湾料理、沖縄料理、フランス料理の検索推移 2006年～2013年

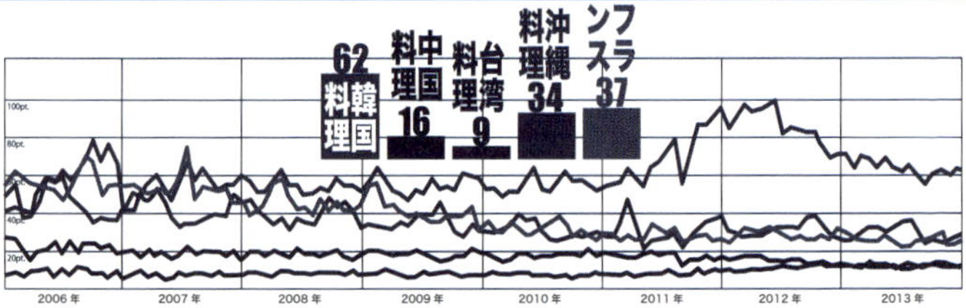

韓国料理が韓流ブーム以前から高位に位置するのは驚異だ。

過去の激辛ブームにフィットした可能性も高いし、在日韓国人の多さもあると考えられる。

フラクタルは12月中心の波形を持ち、2011～2012年の新大久保バブルで最大値を示したが、今は定位置に戻って落ち着いている。

中国料理は意外にも低め安定フラクタルであったが、新大久保バブル沈静化と同時に微減傾向にある。

横浜中華街の近年の不振はここに原因がある。

台湾料理はこの中では最も低位で季節性もないフラクタルだが、安定感は抜群にあり、新大久保バブル衰退をきっかけに中華料理と順位が入れ替わる上昇を始めている。

その伸びは今後の変化観察を続けない限り、わからないダークホース的存在である。
沖縄料理は7〜8月を中心にした法則性のあるフラクタルを描いているが、2005年頃がブームだった様子が次第に衰退したかのような変化を示している。
フラクタル形状が比較のアイテムと関連していないところから、異なった要因で衰退というより、一般化したためであると考えられる。
フランス料理は12月を中心とした安定したフラクタルであったが、毎年20pt.ずつ法則性のある衰退を経て、2011年以降はフラクタルが形成されないカオスとなった。
原因は別途データが必要だが、クリスマス商戦の「贅沢したい」と強く関係している点、また低価格のランチも登場して、日常食になった可能性も考えられる。
これが料理別の分析となる。

『料理』。
このキーワードから分岐して行くと、日本人の食の揺れが、異なった形で見えて来る。料理サイトと料理別推移という2つのうねりを統合することで、ひとつの回答に導かれて行く。

情報とブームと飽きと常食の連続。

それこそが料理のうねりの正体だ。
食は時にはクリスマスというイベントとセットであったり、
時には文化ブームと結びついて変化する“生き物のようなもの”。
それこそが食であり、料理であると言える。
そして、その情報は常に求められ続け、今後も続くであろーが、その情報がうさん臭いと、いきなりそっぽを向かれる敏感な存在であるということだ。
2012年の偽装騒ぎが拡大したことも、そんなことの一例だ。

食する人の強烈な求める愛と、きっかけと、誘いと、裏切り。

料理はそんな恋愛関係とかなーり似ていると、データは語ってくれている。
これは一発出しのデータからは見つけられない。
アナリストが執念で分岐、掘り下げの中に、やっと見つけることができるもの。

ここはしつこく行こう！

データサイエンストの素養とは

ビッグデータブームにのって、データ分析スキルを持つ人材が嘱望される機会が増えつつあるようだ。

技術者の多くも、いち早くこうしたスキルを身につけようと、勉強会などの活動への参加も活発になっている。

EMC ジャパンでは 2012 年 5 月から、日本国内において、実務におけるデータ分析業務のスキルセットを包括的に学習するためのプログラム「Data Science and Big Data Analytics」を実施しているが、２年経過した今もこのプログラム出身のデータサイエンティストって人に出会ったことがない。

統計解析に特化したプログラミング言語 R を学んだり、統計解析の学習をしたりと、意欲的に学習する人々が増えているようだが、果たして、実務で必要なスキルセットはどのようなものなのだろうか。

データサイエンティストに必要なスキルは、大きくわければ３つ。

『ビジネススキル』『IT スキル』『統計解析スキル』があげられる。

『ビジネススキル』とは、クライアントのビジネスに対する深い理解力、ロジカルシンキング、プレゼンテーション力が含まれる。

『IT スキル』とは、幅広い IT 知識、大規模データ処理に関する知識、プログラミング・スキとルが含まれる。

『統計解析スキル』とは、統計学の基本、データ分析法の理解、データ分析ソフトの理解が含まれる。

すなわち、数字に強くて、業界に強くて、レベルの高いプレゼンテーションができるプログラマーということになるのか。ざっくりと言えば。

って、いるー？日本でこんな勉強をした学生って。

だいたい業界知識は本から読み取れない。その業界と密接につきあわなければ、身につかない。

それに合わせて、ロジカルシンキングができて、プログラム組めるレベルって…そりゃ、かなりのスーパーマンだ。

そんなにすぐに育つわけがない。

ところが、これを切り抜ける戦略がひとつある。

チーム制である。

３つのそれぞれに通じた人材のタッグでいくって戦略だ。

これなら、２５万人ともいわれている人材不足を埋めることができるかもしれないぞ。ただし課題は、そのギョーカイ系とロジ系とプログラマーがスムースにコミュニケートできるかっつーところなんだがね。

POINT ビッグデータの裏側の心境になる。

私は本当に『ビッグデータ』という表現がよろしくないと思っている。超巨大と数字だらけの印象が強いからだ。
確かに巨大な数字だらけの世界なのだが、多けりゃ確実な結果が得られるとは言えない。目的に近しい数字だけを吟味する方が、結果に近くなる現象を『オッカムの剃刀』（ググれ）と言う。
人の心を読み取るのなら、なおさら、サンプルの絞り込みを行うセンスが必要となる。

「じゃぁ、そのセンスはどーやってゲットすんの？」と思われるかもしれない。
私はこの本を通じて、極力、そのセンスを表現しているので、そこから会得に努めて欲しい。
さらに場数を多く踏むほど、センスも自然とついてくるだろう。
例えて比喩するとするならば、『ディスプレイの裏側から自分を見ている風景』を想像するといったところか。
人の心。
それは裏返せば自分に帰って来る。
だから『ディスプレイの裏側から自分を見ている風景』だ。

ほら、そこの街角に立っている人を見てごらん。振り返るから。
それはね。君なんだよ。

Chapter 5
ビッグデータの未来

ビッグデータが抱える課題

ビッグデータで個人の行動を調べるということは、もしかしたらあなたも「うわー。俺の全てをさらしちゃうのか。やだなー」とか嫌悪感を感じちゃうよねぇ。
しかし、私ら一般社団法人データサイエンティスト協会の会員を始め、ビッグデータという新しい産業を広めようと取り組んでいる人たちは、日々、個人情報保護法を遵守しながらデータ採取する技術を追求しているから、ひとまず心配しなくて大丈夫ですよ。ま。落ち着いて。落ち着いて。
「だって、ベネッセ情報流出事件みたいなことあるじゃん！」って思ってるんでしょ？
いやいや、あれはビッグデータとはまったく根底から異なる、本当の犯罪であって、漏洩した人物は確実に罰せられます。
情報漏洩とビッグデータ採取のどこが異なるのか？
データサイエンティストが欲しいのは、人の行動心理を裏づける素材であって、名前や電話番号などには関係がない。
シンプルな点と点、そして紐づけられるワードや線が欲しいだけ。
きわめて客観的に“心”を捕らえて、見える化するためだけに研究を続けているだけ。
その証拠に『Google トレンド』も『リアルタイム』も個人は特定できないでしょ？それでいーんです。
個人情報を扱う名簿業者は実際に多く存在するよ。たしかに。
私のビジネス人脈にも名簿業者がいるんだけど、逆に彼らはよく言ってるよ。
「ビッグデータが本格的になったら、ウチラは廃業だ」って。
危機感を持っていますよ。名簿だけでは購買動向などを予測する材料にはならない。
名簿業者ができることはせいぜい、それを売って、ダイレクトメールの発送先にするだけ。昔ながらの荒っぽい方法でしょ。
ＤＭ出したからって行動喚起効果は 16.5％ 。労力の割にはコストかかり過ぎ。
ビッグデータは根本からまったく違う。
匿名性のある移動データ、発信データなど統計データを方程式から見える化し、法則性を見抜いて、予測値としてアウトプットする。
精度は当然高いし、増減のブレも想定します。
この想定を経て、メーカーは開発したり、店舗は仕入や棚割りを変更したり、果ては新たな都市計画に反映したり、福祉の合理化に役立てようというのがビッグデータ活用です。
ね？個人情報漏洩とはまったく別モノでしょ。
そこを混同されてしまうと、未来を描くポテンシャルが封印されてしまいまっせ。
幸い、一般の個人情報保護法とビッグデータを区分けした法案も来年には可決される見込みもあり、さらにあなたの私生活は保護される。
その分、我々データサイエンティストには重責がかかるんだけど…。
が、しかーし！
先にも書いたように、オープンリソースでプチ・データサイエンティストになり始めているあなたには何の法規制もありません。
まずは安心して、あなたに必要なデータを引き出して大活用してくださいね。成功祈る！

使うに使えないデータ

ビッグデータは万能ではない。
なんでも夢を叶える魔法の呪文でもない。
そこんトコを理解いただけないクライアントの依頼が多々あるが、それはマーケティング自体を理解していないとも言えるかもしれない。

「バカ売れする商品を算出してくれ」
「新たに自動販売機を置ける場所のデータを出してくれ」

“バカ売れする商品”という抽象的な概念はデータから引き出せない。
まず自社が、どんな特性を持った商品を押し出したいかの素がなければ、分析のスタートも不可。
設置されている“M2M自動販売機”の稼働動向を分析するデータはあるが、“無”にデータは存在しない。
どちらも、ビッグデータ以前の経営意識の欠落でしかない。
ビジネスにビッグデータを活用する場合、まずクライアントに意思が必要だ。

絶対的に使えないデータは、サンプル数があまりにも少ないと思われるデータ。正当性が疑われるデータ。それから、規則性を立てられない上下の激しいデータ。

こいつらが出た時、とにかく厄介だな。

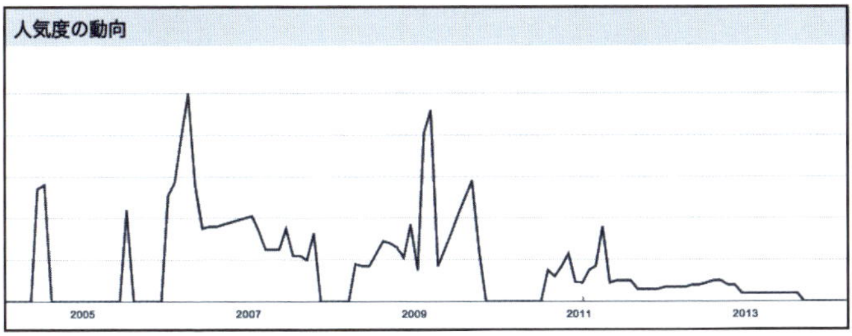

まず、サンプル数が少な過ぎるデータ。
検索ビッグデータでは、時々、上図のような結果値を得る場合がある。このデータは以下の２点から役に立たない。
まずフラクタルになっていないから数式にできない。
ピークを各々調査しなくちゃなんないし､その結果も参考にならない。
それは偶然性の高い、スレッジ・ハンマーでしかない。
第２点としての不適切な理由は、サンプル総数が少な過ぎるデータである可能性が高い。
前半２カ所に見られる数値の跳ね上がりが超短期である様子から、それは検索数＝１とほぼ断定できる。
それほどにサンプル数ｎが小さいことは、統計学上、無意味である。

また次ページのようなデータ結果も、男女比、年代比などはリアリティがあるが、地域別でひとつの都市が70%オーバーというのは、データの偏りの疑いがある。
さらに血液型別の比率が“いびつ”である点から、無効値と断定する。
理由はシンプルで、日本人の血液型比率は『A型40%、B型20%、O型30%、AB型10%』が正であるからである。

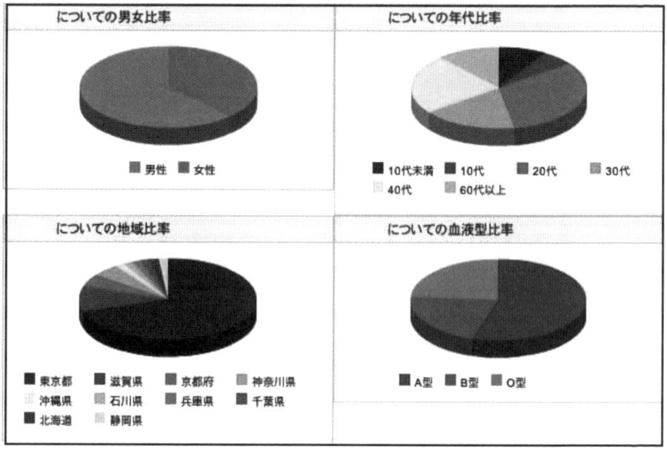

ツイッター・ビッグデータの場合は俊足性が高いために曖昧な情報が、無駄かつ膨大に蓄積されてしまい、アナリストがリソース不明なワードに振り回されがちだ。
可能な限り、長いスパンでまとめた後、不要ツイートを分離して集計するべきである。
これらの材料として使えないデータが出力された場合は、入力値やフィルターなど､別方向からの情報収集を試みる必要がある。

３番目に規則性を立てられないデータ。
たとえば、ある一時期だけ人気が高く、少ししてブームが去ってしまったケース、いわゆる「ひと山あって終わり」の場合は、単純にひとつのデータだけを追いかけてもどうしようもないから、見る角度を変えるべし。つか、プロならやるでしょ。
可能であれば、ほかのリソースの同時期、同条件でデータを引き出し、重ねて見る。
あるいは､そのひと山の発生点と消去点の日付をWeb上で追う。

気象庁のデータであったり、キャッシュに残っているニュース、証券変動データと組み合わせて、ここからがデータサイエンティストの奥義、コトとコトの紐付けをして推測するっ！
そこには必ず、トリガーやスレッジハンマーとなる何かが関係していて、そこからテーマに向かって追いつめていくって感じだな。
たとえば、ある商品について「ＣＭをこの時期から始めました」とか、「商品と提携したテレビ番組をこの時期から始めました」といった情報の日時を、最初のデータの流れに当てはめていく作業。これが面白い。

「AKB48 の秋元才加（当時）が番組でチョロっといったのがきっかけで林 修先生にスポットが当たった」「他社の偽装騒ぎが飛び火した」なぁーんてコトが見えてくる。
気温±５℃の法則なんてのもそこにあり。
売れなくて生産終了した商品にとっても、過去の振り返りは必要。いや、そこまでの投資を無にしちゃもったいない。学びだよ！そこは。
「今回は失敗だったけど、ココはウケてた」という結論を得られれば、「次の商品ではこうしましょう。○％の上昇は見込めます」と提案することができる。
また、ダイエットの例で、ダイエットのキーワードがガンと跳ねた瞬間があったときに、「なんだったんだろう？」とその日を分析していくと、そこにも次回のヒントがある。
「某芸能人が大々的に○○ダイエットで成功しました」って話が、その時期は口コミサイトで爆発的に盛り上がったという要因を突き止めるたらもう、こっちのものでしょ。

そしてビッグデータの明日へ

ビッグデータの分析は明の部分だけではない。
負の部分もある。
特に個人あるいは企業、ブランドの“表に出したくない部分”が手に取るようにわかってしまうからだ。

以前、仕事依頼の検討をしている老舗ブランドから問い合せをいただいた時のこと。
事前にプレゼン資料としてブランド分析を行ったが、そこには一般消費者の印象とはほど遠い、衰退が明確に見えてしまった。
ブランドを代表するメイン商品は製法特許が取られていないために、他店からも発売され、しかもそちらは上昇トレンド一方。
老舗ブランドは関係なくダウントレンド。
下降しはじめた時点を調べると、老舗ブランドの名を傷つける不祥事が見つかり、そこから消費者が離れていった様子が、まるで動くジオラマのように分析結果に現れたのだ。
そのプレゼンは結果、老舗ブランドが恐怖を感じてご破算となった。

今回この書籍で提示している分析例は、一般に出回っている無料アプリやサイトで行っている。
コツさえつかめば、高校生ぐらいでも読み取れてしまうほど、身近なところまでビッグデータは来ている。これからの時代は企業、ブランド、個人商店、病院、商品など逆にいえばビッグデータで風評に晒される時代が来るということだ。

2ちゃんねるなどで、どこかの企業が話題に上がっても、リソースのないものは消えてしまう。しかし、ビッグデータというリソースがそこに貼付けられれば、それは突如として凶器となる。
企業イメージが悪化すれば、良質な人材は獲得しにくくなる。
ブランドネームが悪化すれば、それまで積上げた資産価値は崩れてしまう。
個人商店に悪評が立てば、口コミは広がり、もうお客様は来てくれない。
病院にネガティブイメージが定着すれば、患者はすぐに検索して、他の病院へ移る。
商品のマイナスイメージは、すぐに在庫数増大となって打撃を受けるのだ。

2013年夏に、コンビニのバイトが発信したバカッターが店舗1個を潰すのに時間がかからなかった怖さを、あなたも記憶していることだろう。
ビッグデータに振り回されず、ビッグデータを味方につけて有利にする企業が生き残る時代が来る。
ではビッグデータを味方につけるには、どうするのか？最も効果的なのはツイッター、Facebookのコントロールである。
チャプター4で取り上げた、明治ブルガリアヨーグルトの件。
あの場合は、消費者間で情報が拡散し、次第に悪評化していったことを企業が気づくのが遅過ぎた。

企業では事前に商品パッケージ上でアテンションをおこなっていたが、ツイッターの中の人はそれを見ていない。
結局は翌日にホームページ上で謝罪するという、完全に後手にまわり、企業は株価に影響を受けた。
明日の企業は、ツイッター、Facebook を味方につけて、有利な情報をコントロールできるかできないかで、存亡が決まると言えよう。

現在のツイッターを味方につけているクレバーな企業の代表は(株)オリエンタル・ランドである。
新たなアトラクションまでのカウントダウン、認知度の低いサービスの広報、アテンダンスの状況、不具合の説明等、ゲスト(来園者)に正確に知ってもらいたい情報を素早く発信している。
フォロワーも多いから、拡散の中心はいつも自社である。
これならパークにとって不利になるような風評を早急に食い止め、結果は自社をプロテクトできる。
オリエンタル・ランドはビッグデータをコントロールできる、未来型の企業と言えるだろう。

また、一方ではデータサイエンティスト不足が、今の日本の課題だ。
日本経済新聞 Web 版 2013 年 7 月 17 日 1:54 版によると、データサイエンティストは全社合わせて、1,000 人程度に留まっているという。
ビッグデータを集めることはカンタンだ。ソースを集めて生成される数の束を、整理可能なプログラムに通すだけでできる。
ただ、その数字の意味を読み取る人間の能力が問題なのだ。

え？そこもプログラムにすればいいって？
そうしたら、また過去のブラック・マンデーの再来だ。
“データを読む”というアルゴリズムは、複雑かつ付随情報が膨大で、人間だけが持っているヒューマン・プロセッサーが最も優秀で有効。
ただし、日本にはデータサイエンティストが育つ土壌が不足している弱点がある。

教育を文系と理系の２つで割ってしまった時点で、土壌の違いがある。
数値データを数式に置き換え、統計学でフラクタルを導き出す能力は理系。その中にあるストーリーを読み取るのは文系。
日本の学習システムはそこを分割してしまっているから、ビッグデータを使いこなせない。理解できない。
かくいう私はどういった経緯でデータサイエンティストになったのかというと、根本は両親譲りの美術学習がベースになっている。
美術は科学だ。
人体を描こうとすれば解剖学の知識が必要になるし、遠近法という数学、黄金比、白銀比、そしてフラクタル幾何学へと繋がっていく。
DTPの時代になれば、ドロー系ソフトを理解して美を再現するための数学もついてくる。音楽の専門学校にも通ったが、音楽は波形の構成と感性の両立が基本。ハイスクールでは美術部でありながら、専攻科目は物理。数学は哲学とも結びつき、例えば『神』という概念は、0(ゼロ)という概念だと考えられ、ゼロが存在することでプラスとマイナスの位置づけが、そして数値の持つ意味が確定される。 私の中では『数式と自然現象』は一体であり、万物の中心なのである。
我ながら、いい時代に育ったし、理系の観察力を教えてくれた両親に大変感謝している。

ビッグデータが今後の社会の要になるとすれば、文系と理系の垣根を取っ払った教育制度見直しが必須となるだろう。
教育制度改革なしに、ビッグデータ・ビジネスの外資依存を抜け出すことはできない。

一般向け TV メディアではまだまだ初歩しか伝えられていないビッグデータだが、未来は不可視のところで働 いている知識のエンジンになるだろう。少子高齢化で、有効労働者層にのしかかる生活ノルマの軽減にもビッグデータは役立つ。
後期高齢者の介護支援にもビッグデータは大きく支援できる。
身体障害者、あるいは難病を抱えた人たちの社会参画にもビッグデータは貢献できるだろう。
ビッグデータはマーケティングのアイテムを越えて、社会全体のスムーズな効率最適化を可能にする、人類を支えるエンジンになっていく。
『神の仕事』こそがビッグデータ分析だ。
我々人類は、今、その入口に立ったばかりのところにいる。

ベストセラーをビッグデータで企画する

あーんなにキャバ系女性の人気をわしづかみにしていた『小悪魔ageha』の出版元が清算体制に入ったり、同じくギャル系女子の羅針盤的存在だった『egg』も休刊。
雑誌のオマケも限界か？

そんな悲惨な状況にある出版界で、私のポップなビッグデータ原稿を、熱く徹底的につきあって書籍化に尽力いただいたアーク出版さんに、ここで一役買いたい！
この場を借りて、ヒットする書籍を、ビッグデータ分析を用いて企画しちゃおう！

1990年代には個人店舗でも月あたり2億円は稼ぐと言われた書店だが、今は違う。
これも本書でさんざ記しているように、過去の経験や勘が通用しない一例である。
日本著者販促センター公表によると、1999年に全国で22,296店あった書店は2014年には13,943店と、16年間に62.5%まで減少しているとし、しかもこの数字の中には開店していない書店、すなわち営業所や倉庫も含まれているから、実際に私たちが目にする書店はもっと減少していると言える。
ここでも『Googleトレンド』を使って、分析キーワードに『書店』を代入すると、やはりその実情は明快だ。

書店から消費者が離れていっているのが、一日でわかる。

書店の検索量推移　2004年〜2014年

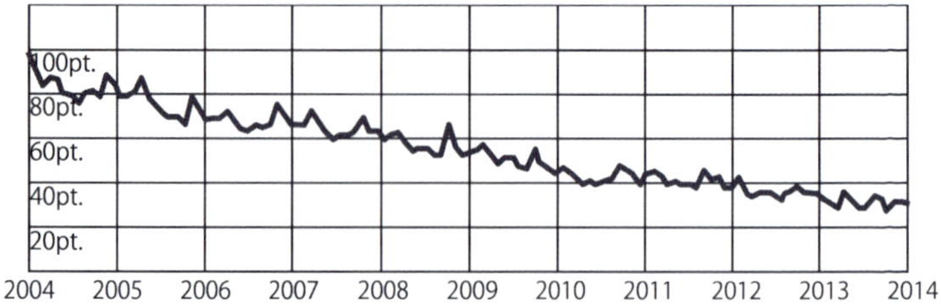

フラクタルとしては4月と9月に小ピークを持ち、12月が大ピークという構成だが、その振り幅を繰り返しながら10年間でマイナス63%という衰退を示す。これは日本著者販促センター公表値より深刻だ。

私自身の日常も、本屋へ行こうと思ってもかなり遠くて、よほど気合いを入れて行かないと、欲しい本にたどり着かない。

本は終わってしまったのか？

しかし、ビッグデータ入力値の『書店』を『書籍』に変えてみると、これが一変する。

書籍の検索量推移　2004年〜2014年

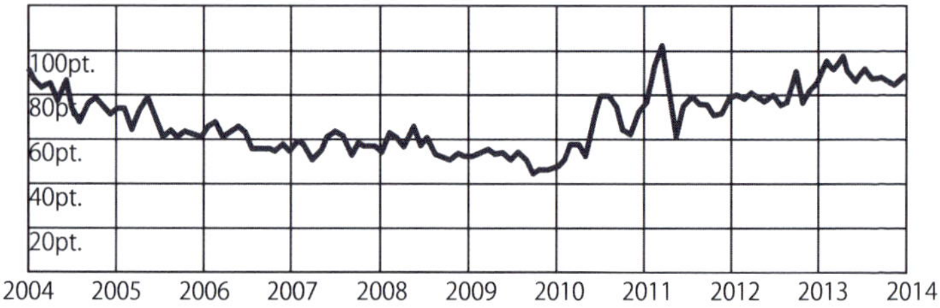

2010年、震災の年を境に上昇に転じ、32%の上昇を発見できる。

要因にはAmazonを含む通販普及と、社会的不安から来る知識欲の増加、電子書籍の影響が大きいと関連キーワードでも確認できる。
『本』が売れなくなったのではなく、『書店』という商業形態がWebへ移行した事象が現実だとデータが証明しているのではないか？
つまり、他業にも通じる業態変革が起きていると証明されている。

あぁ、良かった。
先駆者の知識を共有できる文化としての本を読む行為はまだ続く！
この本も世に出せるしね。
アーク出版さんは文芸というよりは、実用系が主力。
まずは『マーケティング』を代入してみる。
これはあまり活用できないデータが出てしまった。
Googleトレンドの欠点はここで、2011年1月に大幅なデータ採集システムを改善しているので、過去10年値が得られない要素がある。『マーケティング』がそこにあったようだ。
こんな時は比較データを差し込むことで、最小限のデータも大きさを計ることができる。
比較キーワードとして『名言集』を投入してみる。
実用本でも『名言集』は定番でしょ？

名言集、マーケティングの検索量推移（書籍、文学カテゴリ）　2004年～2014年

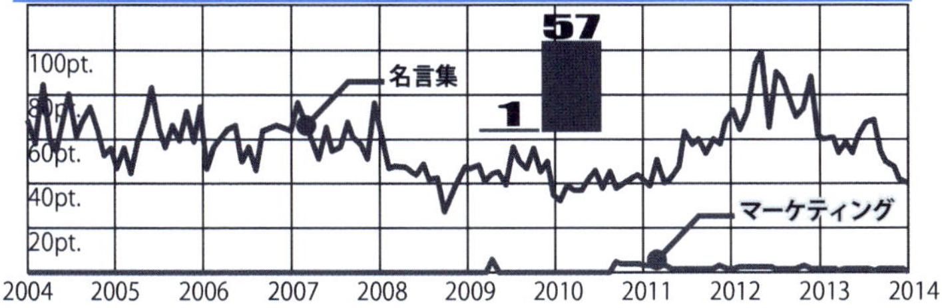

結果は明快。先の『マーケティング』がかすむほど小さい存在

になっている。
その比率は1対57。
しかも『名言集』を検索している地域は東北と九州地方を除くすべてに広がっていて、販売対象のパイが大きい。
関連キーワードはというと、これは『アニメ名言集』に集中している。
現在の消費者は戦国武将や著名人の名言は響かないのか。
『ガンダム』『ジョジョの奇妙な大冒険』『ONE PIECE』と、まぁ、言われてみれば現世代に響く深く熱い、心に響く作品が並ぶ。
それはそれでなるほど。
さらに、東京オリンピックからマーくん、W杯までなにかと話題の多い『スポーツ』を追加代入してみる。

名言集、マーケティング、スポーツの検索量推移（書籍、文学カテゴリ）2004年-2014年

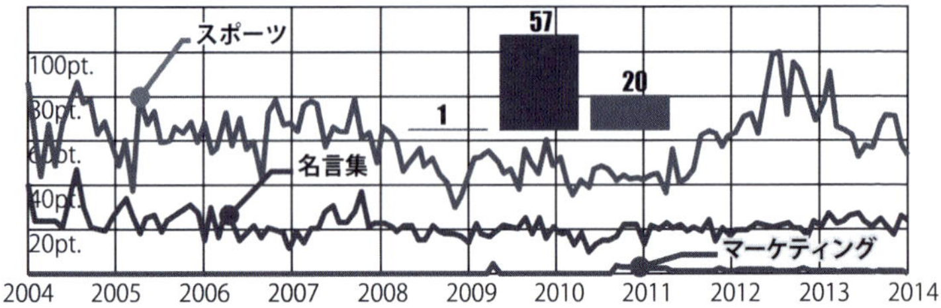

『スポーツ』の書籍カテゴリでの伸びは、事前に想像したほど大きくはないが、それでも『マーケティング』などを大きく上回る伸びが見て取れる。
マーケティング1: スポーツ57: 名言集20という量差である。
スポーツ書籍のニーズ地域も兵庫、北海道、東京、千葉などと、球団のホームに集中しているパイの小ささは残念なように見える。

ここに球団数を16に増やす提案は、経済効果の拡大の根拠があるのは納得でもある。

さて、『スポーツ』の関連キーワードを見ると、『スポーツ名言』『名言スポーツ』『名言スポーツ選手』など、先のキーワード『名言』と共有できている状況が興味深い。
読者はスポーツに『名言』を求めているのだ。

ベストセラー提案をするなら、『スポーツ名言集』を推したい。
絶対数ではアニメ名言集だが、版権料や扱いが難しいし、いろいろ版権取得で難航しそう。

だから『スポーツ名言集』！

狙うは大阪！
阪神タイガースの新旧名言をまとめた本は、確実に関西圏で売れる！

目標300万部！
（阪神ファンの総数の60% ± 13%と読んだ）

ビッグデータで失敗すること

その手の業界ではビッグデータでお祭り騒ぎだが、そんなにオイシイ話ばかりじゃない。
データの材料自体と目的がマッチしていないのに、クライアントが気がついていない場合。
いわゆる「使う側のリテラシー不足」だ。
ここで言う“使う側”というのは、実際にデータを活用し、実務でのアクションに結びつけるべき担当者を指す。このような人々に十分なリテラシーがないと、最初のうちは興味本位でデータを見ていても、しばらく時間が経過すると活用度が激減することになるという。
例えば顧客情報を分析するのであれば、その結果を使って実際の施策を打つところまでいかなければ意味がない。業務プロセスとリンクしないデータ分析では、せっかくよい分析結果が得られていても成果に結び付かない。それに、そもそも“何を見える化すべきか”すら、明確には見えてこないはず。
単に活用度が低いだけではなく、活用内容が本来の狙いとは異なってしまうことも少なくない。
ある事例では、システムで分析されたデータを提供しても、それを継続的に利用しているのが当初想定されていた人数の１割にとどまり、その内容も、実務に活かすのではなく“報告資料を作成するためのデータ活用”となっているのがほとんど。
このような状況に陥ってしまう要因として、一番大きいのはデータ分析・提供側と活用側の現場のコミュニケーション不足だと思う。
“分析ができる人”が“現場の仕事ができる人あるいは業務のスペシャリスト”だとは限らない。多くの場合、両者は異なっているため、データを作成する人と活用する人が同一というケースはむしろレアケースでしょ？

今年の２月ごろ、セガサミーＨＤが「ビッグデータを使って、ヒットするアニメを関連会社のトムス･エンターテイメントで作る！」と豪語していたが、それからうまくいったのだろうか？
私はトムスとも縁があるから感じるが、そもそもＣＧは使わない！をつらぬく閉鎖的なトムスが、ましてやビッグデータのいうことをすんなり聞くだろうか？
ビッグデータは必殺の魔法じゃない。無理なところは無理なのだよ。

Supplement
Google トレンド リアルタイムの使い方

ビッグデータを自在に扱うために、改めてスマホ版『Google トレンド』と Yahoo! の『リアルタイム』の操作テクを紹介！

Google トレンドの使い方

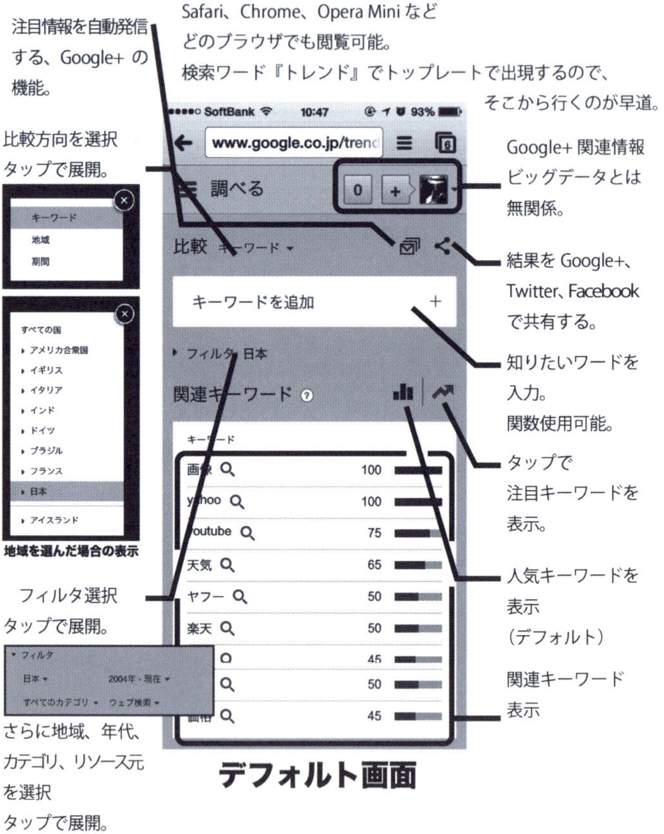

デフォルト画面

基本的にはワード入力ウィンドウにキーワードを入力すれば、グラフ画面に展開します。

下図が＜フィルタ＞→＜ 2004 年 - 現在＞をタップした画面。
ここの選択で 2004 年からの変動がフラクタルか、一過性か、アップトレンドか、ダウントレンドかを表示したり、短期、単年単位の変化を表示する。

＜ 2004 年 - 現在＞をタップした画面

PC 版では任意の期間を設定できるが、スマホ版では不可。
このフィルタの設定の仕方次第で、アナリストのセンスが問われる。
＜ 2004 年 - 現在＞を表示した後、変動の境となった年に絞り込むパターンが一般的である。
表示された折れ線グラフの任意の箇所をタップすれば、その時の pt. が表示される。

下図が＜フィルタ＞→＜すべてのカテゴリ＞をタップした画面。デフォルトである『すべてのカテゴリ』だけではざっくりとしたアバウトな概要しか表示されず、正確な情報は得られない。

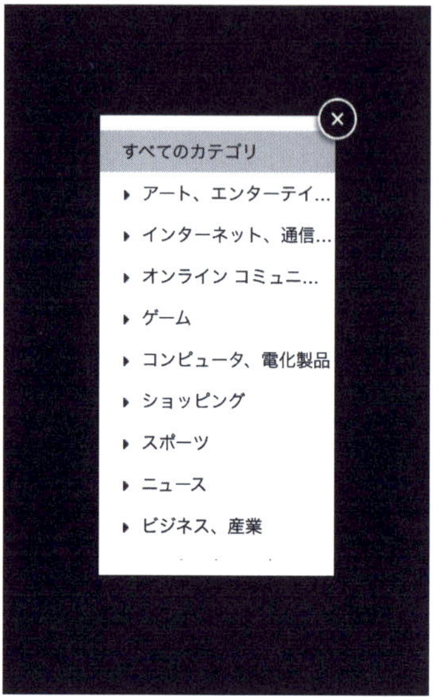

このカテゴリは非常に詳細な項目が用意されており、入力ワードとカテゴリの組合せのセンスが高度な分析ができるかどうかの重要点となる。
カテゴリを駆使することで、思いもよらない“気づき”を得ることができる。

装備カテゴリは後述164ページ以降の一覧参照。

＜すべてのカテゴリ＞をタップした画面

例えば、携帯キャリア3社を比較しようとした場合、SoftBankが異常に高く表示されてしまう。
その数値には球団が含まれているからだ。
球団を取り除くために、＜インターネット、通信事業＞→＜モバイル、ワイヤレス＞に絞り込んで、はじめて実態を浮かび上がらせることができる。
カテゴリはワード入力後にサジェスト機能が働き、そこから計測を深めていくことができる。

下図はワードをフル入力した状態。最大5ワードまで入力でき、比較ができる。同時に総ptの棒グラフも表示。タップすれば数値も表示される。

<フル入力状態>

iPhone6 画面

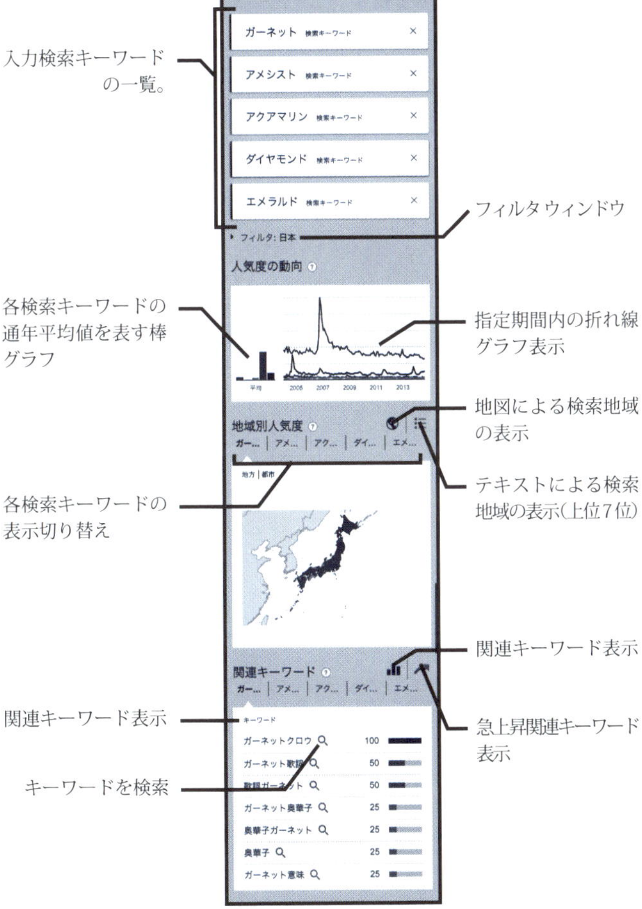

実践 Google トレンド操作　1

ざっくりと傾向を得る。

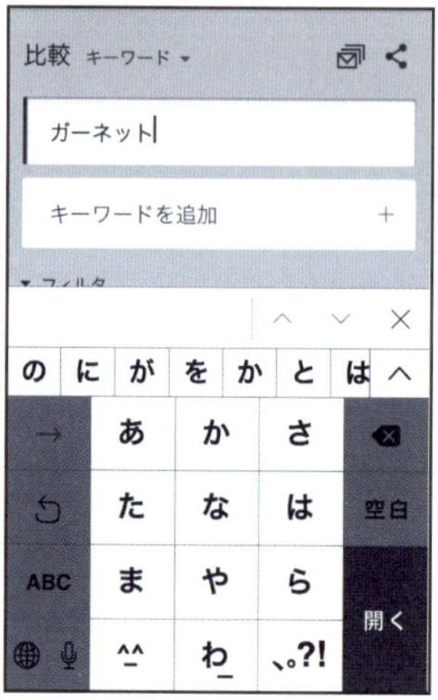

入力ウィンドウに
キーワードを入力した状態

単語だけの入力の他、他の類似語と差別したい時には、ダブルクォートでくくると、精度が向上。複数単語をワンセットで数値化したい時は『＋』が利用でき、省きたい派生語がある場合は、『－』としても入力が可能。括弧でのくくりも可。

グローバル単位で計測する場合などに有効である。

2 実践 Google トレンド操作　2

比較対象データを得る。

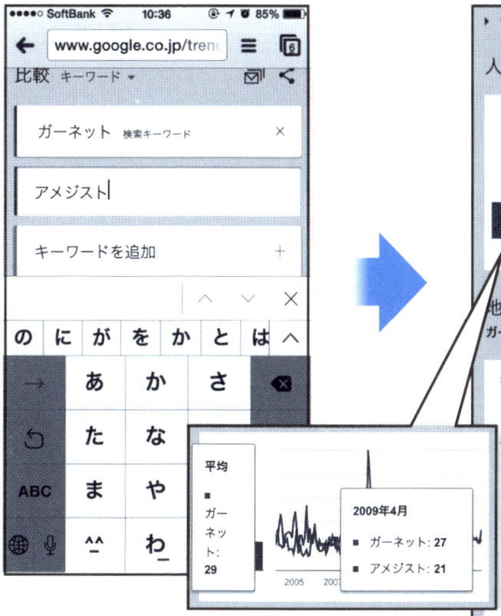

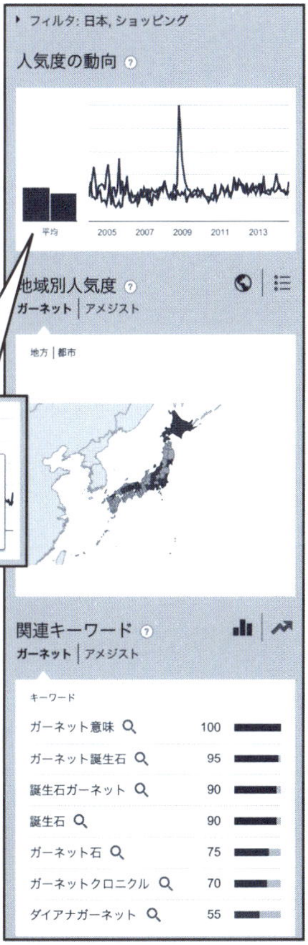

キーワードを複数比較する時は、『キーワード追加』ウィンドウに入力する。最大5ワードまで比較できる。入力後に、同じく折れ線グラフが表示されるが、比較キーワードの期間中の比較棒グラフも出現する。折れ線、棒グラフともタップすることで、正確な数値（ポイント値）のウィンドウが開く。関連キーワードはウィンド上の名称をタップすると各々が見られる。

3

実践 Google トレンド操作　3

カテゴリを絞り込む。

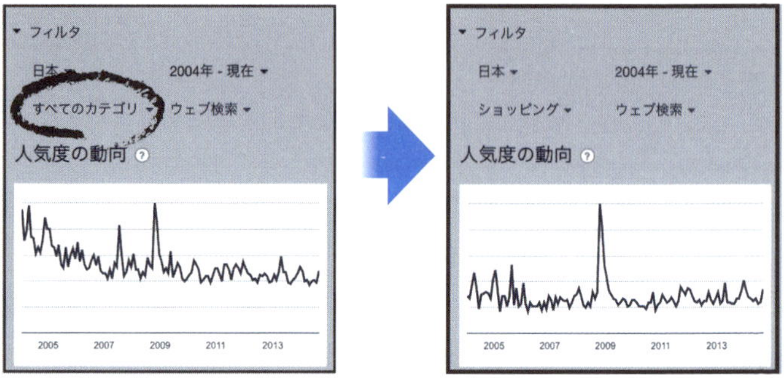

Google トレンドでこのフィルタをいかに使いこなせるかで、データサイエンティストとしてのセンスが問われる重要なポイントである。
フィルタを開き、『すべてのカテゴリ』をタップすると、まず『おすすめカテゴリ』がウィンドウ上段に展開する。
これはアプリ自体が、入力されたワードから関連があると推定されるキーワードを出力される仕組みである。
また下段には、サジェスト・カテゴリも表示され、目的に応じて、どれかを選択すると、ざっくりデータと比べてカテゴリというフィルタをかけると異なった結果が得られる。
ちなみに下段のカテゴリ左の▶マークをタップすると、さらに細分化されたカテゴリが展開するので、より精度の高い検索推移量を得ることができ、他のカテゴリの結果と比較して、目的のポジションが明確になる。必須項目。

実践 Google トレンド操作　4

4 上昇ワードから推理する。

すべてのカテゴリの結果

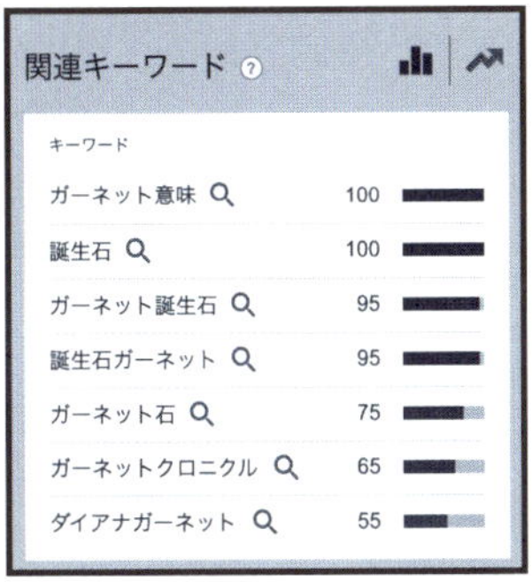

ショッピングカテゴリの結果

前ページでカテゴリ選択を重視するよう、強く念を押したのは、入力したワードに対して消費者の見方の違いがあるからだ。
上に示したように、デフォルト状態＝『すべてのカテゴリ』であると、このワードでは探偵コナンのテーマ曲等をプレイしているバンド『ガーネット クロウ』が含まれてしまう。『ガーネット』という曲を歌っている奥 華子まで出て来てしまう。
これでは宝石のガーネットのニーズがまったくわからない。
そこでカテゴリをショッピングに切り替えると、『誕生石』『石』など、求めていたワードの動向データを捕らえられたことが確認できる。
Google トレンドは一見、ちょろちょろっと扱えるから容易に出力データを信じてしまいがちだが、純粋に欲しいデータを得るためにはこのようにフィルタの使いこなしがキモなのだ。

5

実践 Google トレンド操作　5

時系列で比較する。

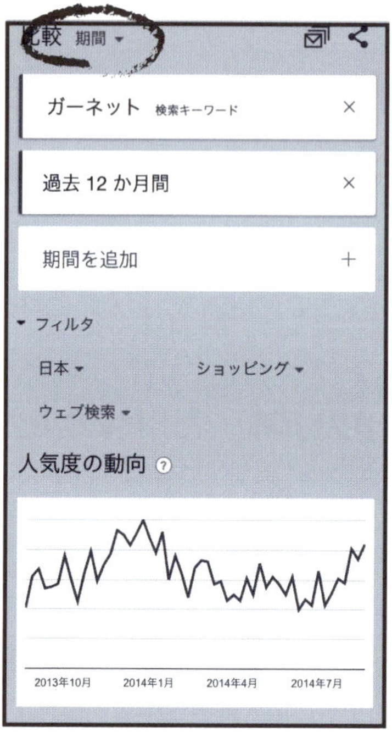

期間を切り取って計測する手段は Google トレンドで２つの手段がある。

１つはフィルタの中から選ぶ方法だが、その場合、多ワードを同時に比較することはできない。

入力ウィンドウの上にある選択肢から『期間』を選ぶと、対比比較ができる。

分析状況によって使い分けたいところだ。

6

実践 Google トレンド操作　6

地域を絞る。

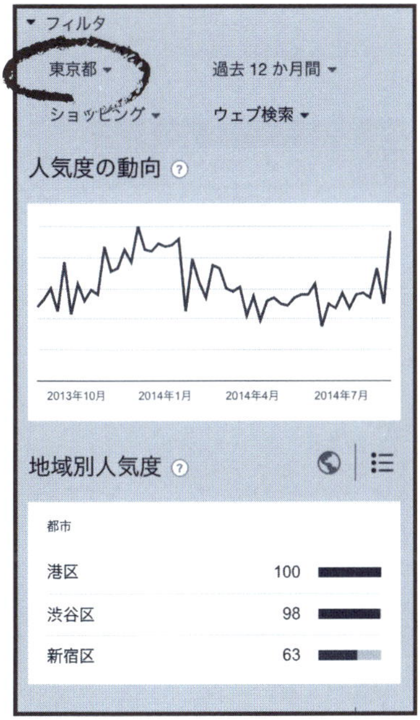

フィルタの中でのデフォルトで『日本』になっているところをタップすると、地域を絞ることも、広げることもできる。
上の図は＜ガーネット＞＜ショッピング＞＜過去 12 カ月＞＜東京＞に絞り込んだ折れ線グラフ。
ガーネットは 1 月の誕生石だから、まず 1 月に強いニーズが確認され、それは港区、渋谷区といったハイソな地域に集中しているのがわかる。海外を調べる時は外国語での入力をお忘れなく。

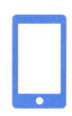

Yahoo! リアルタイムの使い方

次に Twitter の情報を得られる Yahoo! アプリ『リアルタイム』。App store、Google Play から無料でダウンロードできる。

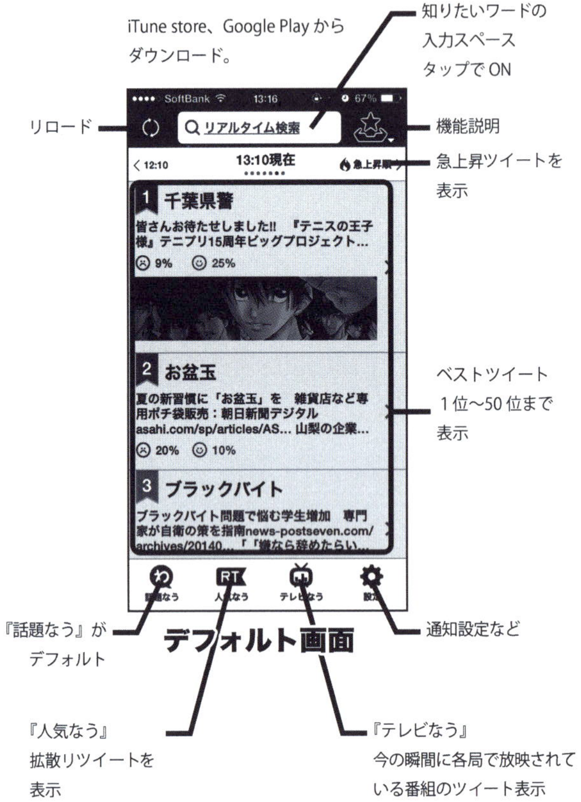

表示されている情報を見ているだけなら、単なるお遊びアプリだが、画面上方の入力欄にワードを入れれば、かなり使える、ビッグデータツールになります。

入力を開始すると、関連されるサジェストが出現。
要は検索エンジンのサジェストと同じ機能なんだけど、今、入力しようとしているワードに関して、全体ではどんなツイートが多いのか？ の参考になる。

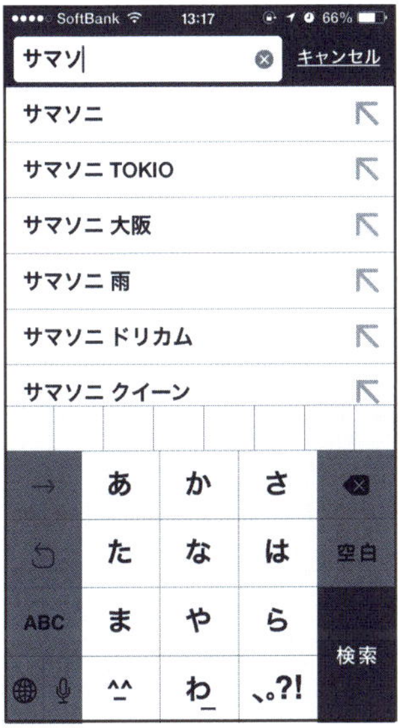

この執筆時はサマーソニックとコミケが同時に開かれていた時期で、略して『サマソニ』を入力してもごらんのとおり。
この年はアヴリル・ラヴィーンも矢野顕子もクラフトワークも出てたのに、話題上位にまさかの『TOKIO』が上がってるのは興味あるなぁ。
６位にやっとクイーン。
ただし、ツイートだからネガティブかポジティブかは読み込まなければわからない。話題性がとにかくあったとは言える。
そんな画面。気づきには大いに役立つ。

感情分析βを見る
精度が意外と高い。

『注目度』をタップすると、過去24時間、7日間、30日間の変動情報が取得できる。
円形のスライダー移動で任意時間帯のツイート数が得られる。

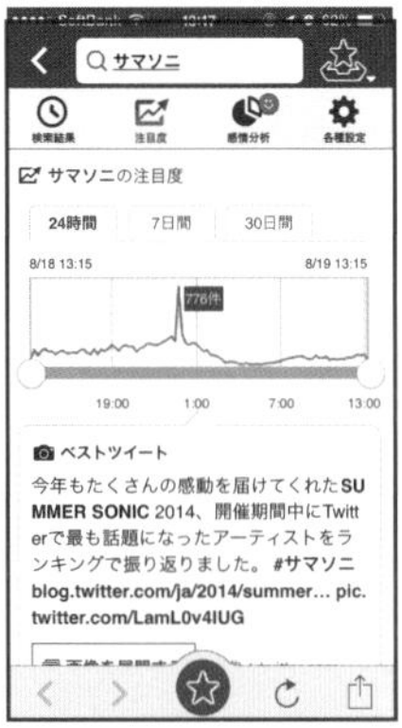

過去 24 時間

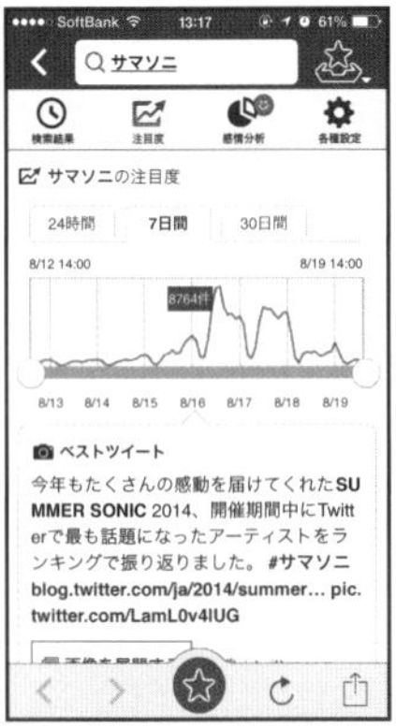

過去 7 日間

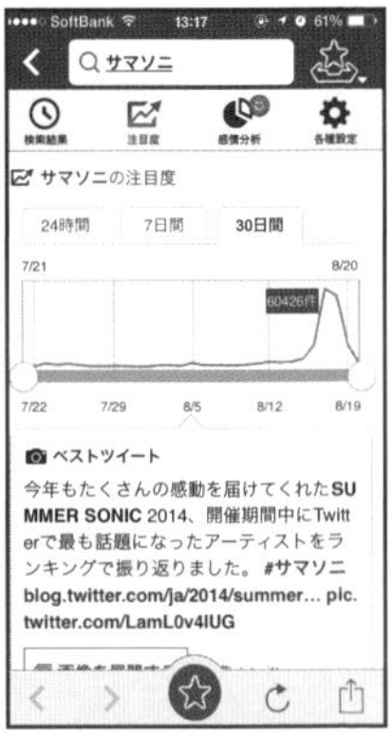

過去 30 日間

1 実践リアルタイム操作　1

フラクタルか一過性かを見る

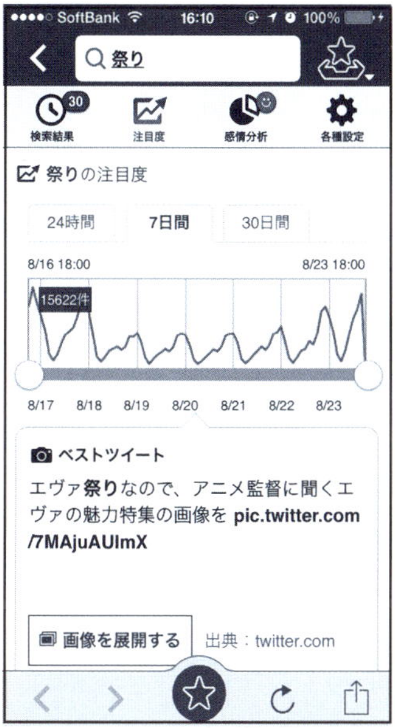

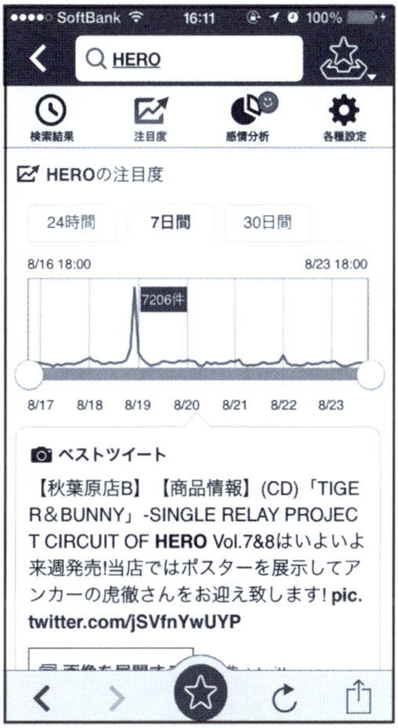

入力後、『注目度』を選択。さらに『7日間』で法則性をつかむ。丸型のスライダーを横方向へスライドすると時間帯のツイート量がわかる。

この著述時期から、祭りは強弱の値は異なるものの、フラクタルを持っているのがわかる。昼0時100とすると、20時から深夜0時まで劣らずに123.2前後を維持。盛り上がり時がわかる。ドラマ『HERO』の放送は月曜9時。そこだけ瞬間風速のようにつぶやかれているのがわかる。30日だとまた異なる。

2

実践リアルタイム操作　2

感情分析（β版）

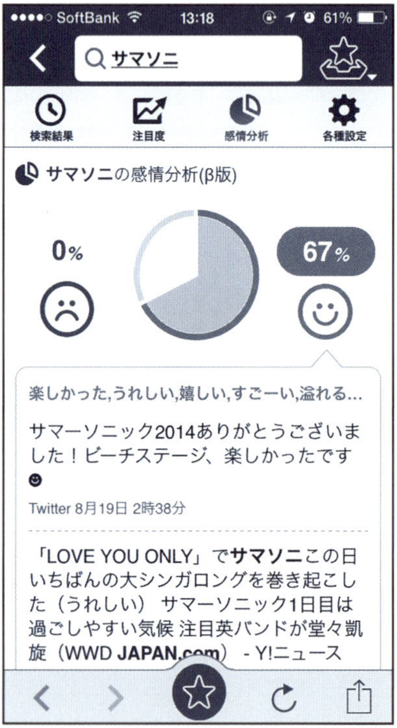

過去にNTTレゾナントのGOOがブログから感情分析を試みたが、言い回しバイアスが設計内にないために、うまく機能しなかった。しかし、リアルタイムの感情分析はなかなか精度が高く、ポジティブ構成のつぶやきを読んでも確かにポジティブだし、ネガティブもきっちりネガティブに計測されている。将来使える可能性アリ。

実践リアルタイム操作　3

3 テレビなう

オンタイムで放送している地上波に関するツイートを表示。
最もツイートの多い番組は赤く表示される。各局番組ツイートの**>**をタップするとツイートの内容を観察することができ、番組のどこに視聴者が関心を持っているかがわかる。
この機能でも、24 時間、7 日間、30 日間の変化がグラフで見られる。

Google トレンドのカテゴリ選別の重要性

Google トレンドには時間、地域、検索ジャンルなど 4 種類のフィルタ機能が装備されており、コンパクトながら多様なデータの採集が可能だが、中でも『カテゴリ』は調査対象の精査に大いに役立つ。
このフィルタのデフォルトは『すべてのカテゴリ』だが、上位に 25 カテゴリがあり、ワード入力後は最も関係が近いカテゴリ 3 カテゴリを提案してくれる。
その上位カテゴリ以降に下位カテゴリ（166 ページ以降で一部紹介）が複数あるので、うまく活用すれば、データの真の値に近づくことができる。

Google トレンドによるビッグデータ分析を有効に扱うには、このカテゴリの選択センスがあるかないかで、力量の差が出る。

また、一部重複するカテゴリが出現する。
例えば“ペット、動物”カテゴリは個別にリストが出るが、“趣味”カテゴリの下位にも“ペット、動物”カテゴリが登場する。
これは“一般動物のトレンドを計る”ことと、“趣味としてのペットの内のどの動物を計る”ことの意味合いが異なるためだ。当然、それぞれから出力される結果も異なる。
その点を理解していないと、トンチンカンな方向に解釈されてしまい、間違ったデータで間違ったプレゼンテーションをしてしまうことになる。あくまでも細心の注意をもってカテゴリ選別を行わなければならない。
次ページ以降にカテゴリ一覧を示すが、その選択肢の多さに驚くだろう。
初期の『Insight For Search』時代は、この半分ぐらいであったが、2011 年 1 月に分岐を増加し、精度が高まった。
開発はシリコンバレーの本社で行っているため、仕様がアメリカ文化に偏っている面があるが、日本版としても十分活用できるカテゴリが備わっている。

また、海外も国単位から州、日本では県、一部の国では市まで細かくデータ拾い込みができるが、海外の時は、出力後にトップレートの国での状況も別途、調査した方がいい。
私が以前に『iPad』の普及度を調べた時にカテゴリをかなり絞っても、「最も iPad を検索している国はフィリピンである」と出た。
貧困層の多いフィリピンでそんなに iPad を買っているのか？と疑問に思ってググったところ、フィリピンの標準ＡＥＤの商標が『iPad』であったことがわかった（笑）。
こういう場合は、入力スペースに関数のカンタンなものを入れて調べ直すことになる。

("iPad"+"apple")-"aed"

とすると正確なデータを得られる。参考まで。

Googleトレンド カテゴリ一覧（抜粋）

▶アートエンターテイメント

▶▶イベント情報

クラブ、ナイトライフ／コンサート、音楽祭／スポーツ観戦／チケット販売／映画祭／映画情報、劇場情報

▶▶エンターテインメント業

▶▶▶レコード業界

レコード レーベル／音楽賞

▶▶▶映画、テレビ業界

映画、テレビ番組制作／映画賞、TV 賞

▶▶オンライン メディア

Flash アニメ、ゲーム／ウェブカメラ、バーチャル ツアー

▶▶▶オンライン ゲーム

多人数参加型オンライン ゲーム

▶▶▶オンライン画像集

写真、画像の共有／写真素材／写真付き出会い

▶▶▶オンライン動画

▶▶▶▶ポータル サイト

音楽配信、ダウンロード

▶▶クイズ、雑学

Flash アニメ、ゲーム／クイズ、おもしろ診断／着せ替えゲーム

▶▶コミック、アニメーション

アニメ、漫画／アニメ映画／キャラクター アニメ、子供向けアニメ／コミック

▶▶テレビ、ビデオ、動画

▶▶▶オンライン動画

▶▶▶▶動画の共有

テレビ コマーシャル／テレビ ネットワーク、テレビ局／テレビ情報誌、番組表

▶▶▶テレビ番組

SF 番組、ファンタジー番組／お笑い番組／クイズ番組

▶▶▶テレビドラマ

メロドラマ／医療ドラマ／犯罪捜査ドラマ番組／トーク番組／リアリティ番組／家族向けテレビ番組／リアリティ番組／家族向けテレビ番組

▶▶ビジュアル アート、デザイン

▶▶▶デザイン

CAD、CAM／インテリア デザイン／グラフィックデザイン／工業、製品デザイン

絵画

芸術作品、工芸品の製作用品

芸術写真、デジタル アート

カメラ、写真機材

▶▶▶▶カメラ、ビデオカメラ

カメラ／カメラ レンズ／ビデオカメラ

双眼鏡、望遠鏡、光学装置

▶▶▶写真、ビデオ ソフトウェア

動画ファイル形式、コーデック

▶▶**ユーモア**

お笑いライブ／お笑い番組／コメディ映画／パロディ、風刺／政治パロディ

▶▶**映画**

▶▶▶▶ DVD、ビデオの販売

DVD、ビデオ レンタル

▶▶▶▶ **SF 映画、ファンタジー映画**

▶▶▶▶▶**アクション映画、アドベンチャー映画画**

スーパーヒーロー映画／西部劇／武術映画

▶▶▶**アニメ映画**

▶▶▶**インド映画、南アジア映画**

▶▶▶**カルト映画、**

▶▶▶**インディーズ映画**

▶▶▶▶**クラシック映画**

サイレント映画

▶▶▶**コメディ映画**

▶▶▶**スリラー、犯罪、ミステリー映画**

▶▶▶**ドキュメンタリー映画**

▶▶▶**ドラマ**

▶▶▶**ファミリー映画**

▶▶▶**ホラー映画**

▶▶▶**ミュージカル映画**

▶▶▶**映画グッズ**

▶▶▶**映画祭**

▶▶▶▶**映画資料**

映画レビュー、試写

▶▶▶**映画賞、TV 賞**

▶▶▶**恋愛映画**

▶▶**音楽、オーディオ**

CD、楽曲販売

▶▶▶▶**アーバン、ヒップホップ**

ソウル ミュージック、R&B ／ラップ、ヒップホップ／レゲトン音楽

カントリー ミュージック

▶▶▶▶**クラシック音楽**

オペラ

サウンドトラック

▶▶▶▶**ジャズ、ブルース**

ジャズ／ブルース

ダンス、電子音楽

フォーク、伝統音楽

ポップ ミュージック

ミュージカル音楽、演劇音楽

▶▶▶▶**ラジオ**

ポッドキャスト／ラジオのトーク番組

ラテン ポップ ミュージック

▶▶▶▶**ロック ミュージック**

インディーズ音楽、オルタナティブ ミュージック／クラシック ロック、オールディーズ／ハードロック、プログレッシブ／パンク ミュージック／ヘヴィメタル

▶▶▶▶**ワールド ミュージック**

アフリカ音楽／アラブ、中東の音楽／ラテン アメリカ音楽

▶▶▶▶▶▶サルサ、トロピカル音楽

ブラジル音楽／ラテン ポップ ミュージック／レゲトン音楽

▶▶▶▶▶レゲエ、カリビアン音楽

レゲトン音楽／東アジアの音楽／南アジアの音楽

音楽スクール、レッスン

音楽関連グッズ

▶▶▶▶音楽機器、音楽技術

DJ 用の機材

サウンド サンプル、ライブラリ

▶▶▶▶▶▶楽器

ギター／ドラム、打楽器／ピアノ、キーボード

録音技術

▶▶▶▶音楽資料

歌詞、タブ譜／楽譜／作曲、音楽理論

▶▶奇妙

オカルト現象、超常現象／最先端、奇想天外

▶▶芸能ニュース

▶▶舞台芸術

オペラ／ダンス／ブロードウェイ、ミュージカル／劇場、映画館

▶インターネット、通信

ウェブ アプリケーション、オンライン ツール

▶▶ウェブ サービス

SEO、SEM ／アフィリエイト プログラム／ウェブ ホスティング、ドメイン登録／ウェブデザイン、開発／ウェブ

統計、解析ウェブ統計、解析

ウェブデザイン、開発

ウェブ統計、解析

▶▶**サービス プロバイダ**

ISP

ケーブル、衛星放送事業者

▶▶▶▶電話回線サービス

テレホン カード

テレビ会議

ポータル サイト

▶▶**メール、メッセージ**

テキスト メッセージ、インスタント メッセージ／ボイス

チャット、ビデオ チャット／ミニブログ

▶▶**モバイル、ワイヤレス**

モバイル OS

▶▶▶▶モバイル アプリ、アドオン

着メロ、携帯サービス

携帯電話

▶▶▶携帯電話、携帯端末付属品

Bluetooth アクセサリ

▶▶**検索エンジン**

人物検索

▶▶**通信機器**

無線機器

▶オンライン コミュニティ

▶▶オンライン ツール、ダウンロード

SNS アプリケーション、アドオンクリップアート、

アニメーション GIF ／スキン テーマ、壁紙

▶▶ソーシャル ネットワーク

SNS アプリケーション、アドオン

ファイル共有

▶▶ブログ作成サービス

ミニブログ

▶▶仮想世界

▶▶掲示板、チャットサービス

▶▶個人ブログ、サイト

▶▶写真、動画の共有

写真、画像の共有／動画の共有

▶▶出会い

結婚仲介サービス／交際／写真付き出会い

▶ゲーム

▶▶ TV ゲーム、PC ゲーム

アクション ゲーム／アドベンチャーゲーム／ウォー ゲーム

アーケードゲーム

▶▶オンラインゲーム

多人数参加型オンラインゲーム

▶▶カード ゲーム

トレーディング カード ゲーム／ポーカー、カジノ ゲーム

▶テーブル ゲーム

ビリヤード／卓球

▶パーティーゲーム

▶▶パズル、頭の体操

▶▶ボード ゲーム

チェス、アブストラクト ゲーム／ミニチュアゲーム、ウォーゲーム

▶ロールプレイング ゲーム

▶▶家族向けゲーム、アクティビティ

お絵かき、塗り絵／着せ替えゲーム

▶コンピュータ、電化製品

▶▶ CAD、CAM

▶▶▶コンピュータ セキュリティ

ウィルス対策、マルウェア／ネットワーク セキュリティ

▶▶▶コンピュータ ハードウェア

▶▶▶▶▶コンピュータ コンポーネント

コンピュータ用メモリ／サウンド カード、ビデオカード／チップ、プロセッサ／コンピュータ サーバー

▶▶▶コンピュータ サーバー

▶▶▶▶▶コンピュータ ドライブ、ストレージ

CD & DVD ドライブ、ライター、レコーダー／コンピュータ用メモリ／データのバックアップ、復旧／ネットワーク ストレージ／ハードディスクドライブ／フラッシュ メモリ、メモリ カード／メモリ カード リーダー／記録用 CD、DVD メディア

▶▶▶▶**コンピュータ周辺機器**

▶▶▶▶▶**コンピュータ モニター、ディスプレイ**

▶▶▶▶▶▶**プリンタ、コピー機、ファックス**

FAX機／インク、トナー／コピー機／スキャナー／プリンタ

▶▶▶▶▶**入力デバイス**

▶▶▶▶**デスクトップ パソコン**

▶▶▶▶**ハードウェアのカスタマイズ、チューニング**

▶▶▶▶**ラップトップ、ノートパソコン**

タブレット PC

▶▶▶**ソフトウェア**

▶▶▶▶**インターネット ソフトウェア**

インターネット クライアント、ブラウザ／コンテンツ管理／プロキシ、フィルタ

ウェブ アプリケーション、オンライン ツール

オープンソース

▶▶▶▶**オフィス、ビジネスソフトウェア**

カレンダー、スケジュール管理ソフトウェア／プレゼンテーション ソフトウェア／プロジェクト管理ソフトウェア／会計、財務ソフトウェア／表計算ソフトウェア／文書作成ソフトウェア

▶▶▶▶**オペレーティング システム**

Linux、Unix ／ Mac OS ／ Windows OS ／モバイル OS

▶▶▶**デバイス ドライバ**

▶▶▶**フリーウェア、シェアウェア**

▶▶▶**マルチメディア ソフトウェア**

▶▶▶▶ DTP

フォント

▶▶▶▶オーディオ、音楽ソフトウェア

オーディオ ファイル形式、コーデック

▶▶▶▶グラフィック、アニメーション ソフトウェア

メディア プレーヤー

▶▶▶▶写真、ビデオ ソフトウェア

動画ファイル形式、コーデック

▶▶▶モバイル アプリ、アドオン

着メロ、携帯サービス

▶▶▶ユーティリティ ソフトウェア

▶▶▶学習ソフト

▶▶テクニカル サポート

▶▶テクノロジー関連のニュース

▶▶▶ネットワーク

データ フォーマット、プロトコル／ネットワーク監視、管理／ネットワーク機器／仮想プライベート ネットワーク(VPN)、リモート アクセス／分散コンピューティング、並列コンピューティング

▶▶▶プログラミング

C、C++ ／ Java ／ Windows、.NET ／スクリプト言語／開発ツール／開発者の募集

▶▶家電

GPS、ナビゲーション

▶▶▶オーディオ機器

MP3、ポータブル メディア プレーヤー／ステレオ システム、コンポーネント／スピーカー／ヘッドホン

▶▶▶**ガジェット、携帯用電子機器**

MP3、ポータブル メディア プレーヤー／PDA、携帯用機器／携帯ゲーム機／電子書籍リーダー

▶▶▶**カメラ、写真機材**

▶▶▶▶**カメラ、ビデオカメラ**

カメラ／カメラ レンズ／ビデオカメラ

双眼鏡、望遠鏡、光学装置

▶▶▶**ゲーム機**

Xbox／プレイステーション／携帯ゲーム機／任天堂

▶▶▶**テレビ、ビデオ機器**

DVR、セットトップ ボックス

▶▶▶▶**テレビ**

プラズマ テレビ／プロジェクション テレビ／液晶テレビ／高精細テレビ

▶▶▶▶**ビデオ プレーヤー、レコーダー**

DVD プレーヤー、レコーダー／ブルーレイ プレーヤー、レコーダー

▶ショッピング

アンティーク、収集品

▶▶**エンターテイメント メディア**

▶▶▶ **CD、DVD、ゲーム レンタル**

DVD、ビデオ レンタル

CD、楽曲販売

▶▶▶ DVD、ビデオの販売

DVD、ビデオ レンタル

テレビゲーム販売店

書籍販売　オークション

おもちゃ

▶▶▶お祝い、ギフト、祝祭日用グッズ

カード、あいさつ状／ギフト／パーティー、イベント用品／花

▶▶ショッピング総合サイト、検索エンジン

▶▶▶スポーツ用品

スポーツ記念品／自転車、パーツ

タバコ関連商品

チケット販売

ブランド品、高級品

フリーマーケット、ガレージセール

卸売業者、アウトレット業者

▶▶▶家電

GPS、ナビゲーション

▶▶▶▶オーディオ機器

MP3、ポータブル メディア プレーヤー／ステレオ システム、コンポーネント／スピーカー／ヘッドホン

▶▶▶▶ガジェット、携帯用電子機器

MP3、ポータブル メディア プレーヤー／ PDA、携帯用機器／携帯ゲーム機／電子書籍リーダー

▶▶▶▶カメラ、写真機材

▶▶▶▶▶カメラ、ビデオカメラ

カメラ／カメラ レンズ／ビデオカメラ

▶▶**双眼鏡、望遠鏡、光学装置**

▶▶▶▶**ゲーム機**

Xbox ／プレイステーション／携帯ゲーム機／任天堂

▶▶▶▶**テレビ、ビデオ機器**

DVR、セットトップ ボックス

▶▶▶▶▶**テレビ**

プラズマ テレビ／プロジェクション テレビ／液晶テレビ／高精細テレビ

▶▶▶▶▶**ビデオ プレーヤー、レコーダー**

DVD プレーヤー、レコーダー／ブルーレイ プレーヤー、レコーダー／プロジェクター、スクリーン／ホームシアター システム

▶▶▶**家電付属品**

▶▶▶▶車載電子機器

GPS、ナビゲーション／カーオーディオ／カービデオ

個人広告、案内広告

▶▶▶**写真サービス、スタジオ、ビデオ撮影**

写真素材

▶▶▶**消費者資源**

▶▶▶▶**カスタマー サービス**

テクニカル サポート／ポイント カード、ポイント システム／保証書、サービス契約

▶▶▶**クーポン、割引サービス**

▶▶▶▶**商品レビュー、価格比較**

価格比較／車両の仕様、評価、比較

消費者擁護、保護

▶▶▶**服飾**

アウター

▶▶▶▶**カジュアル衣料**

Ｔシャツ

▶▶▶▶**コスチューム**

▶▶▶▶**スポーツ衣料**

▶▶▶▶**ナイトウェア**

▶▶▶▶**フットウェア**

▶▶▶▶**ユニフォーム、制服**

▶▶▶▶**下着**

▶▶▶▶**眼鏡**

眼鏡、コンタクト レンズ

▶▶▶▶**子ども服**

▶▶▶▶**紳士服**

▶▶▶▶**水着**

▶▶▶▶**婦人服**

▶▶▶▶**服飾サービス**

▶▶▶▶**服飾雑貨**

バッグ、財布／宝石、アクセサリー／腕時計

▶▶▶▶**帽子**

▶▶▶▶**礼服**

▶▶▶▶**量販店、デパート**

このほかのカテゴリは実際に
Google トレンドを操作して
試してみよう。

The Interview

感覚の業界にひとりでビッグデータ分析で立ち向かうデータサイエンティスト、柿沼朱里さんに初著作を終えた感想、日頃の苦労、ビッグデータの裏側をお聞きしました。

— 執筆、お疲れ様でした。

ありがとうございます。けっこう楽しく書かせていただきました。

— 楽しく!? かなり濃い内容ですが、楽しまれたと？

ええ。私は小難しい難題を、ギャグ調で語るのが好きなんです。ビッグデータに関するブログも、かれこれ7年ぐらい毎日書いてるんですが、もう、これがライフワークみたいなもんですよ。メディアが視聴率稼ぎに盛ってる話題の真実を、ビッグデータ分析すると、それほどでもないことが多い。
それを井戸端会議みたいに、「ほんっとーはアレってこーなのよ」みたいな調子でやってますね（笑）。

— 今、柿沼さんは「7年も〜」と、おっしゃいましたが、ビッグデータも7年前から研究してらっしゃったんですか？

ええ。実質そうですね。当時はビッグデータなんて言葉はなかったですけどね。
大枠でのデータ分析を模索し始めたのは７年前ですね。
いやー、あの頃はどこの企業に説明しても門前払いでしたよ（笑）。

— ビッグデータという名称は誰が考えたんですか？

さぁー？私も知らないうちに、世間で「ビッグデータ凄い！」みたいな機運があがって来たんですよねー。
誰なんだろう？
『データ科学』という言葉は1974年にデンマークのコンピュータ科学者であるPeter Naur氏が学会で発表したのが最初ですね。
『データサイエンティスト』という言葉はFacebookのJeff Hammerbacher氏とLinkedin社のDJ Patil氏が1988年に提唱したと、公式には言われています。
ただ、この『データサイエンティスト』という呼称には業界内外でも「それはどーだろ？」みたいな論議があるんですよ。

— と、言いますと？

『サイエンティスト』だと科学者でしょ？
でもビッグデータを分析して回答へ導き、良質のプレゼンテーションを行う作業は科学者じゃない。
『データアナリスト』という呼称もどこか閉鎖的で、実動している時のアクティブを含んでいない。
日立グループでは『データ・アナリスティック・マイスター』

という言葉を作って、専門性を強調してる。でもまだ浸透薄いかな？
本当にまだ、安定した呼称のない、出来始めた業種なんですよ。

あ。次の確定申告の時、仕事の欄にデータサイエンティストって書いてみようかな？ 税務署の人は、どこまで経費で認めてくれるか見てみたいわ（笑）。

— それが近年になってもてはやされたと？

そうそう。そんな感じじゃないかなー。
少なくとも 19 世紀から、ビッグデータの概念は存在してましたからね。
あのね、これは Cloudera 社のプレゼンテーションで聞いた受け売りなんですけどね、1880 年のアメリカ合衆国の国勢調査に起源があるって話。
その年の国勢調査は手計算だから、結論に 7 年かかったんだけど、その 8 年後には猛烈な移民増加で、同じ結果を出すのに倍の 14 年かかったって話は面白いと思いましたね。
その合理化の先に大量データ処理という課題ができた。
それをビッグデータの始まりという方がいたんですよ。
国立情報学研究所の佐藤一郎教授だったかな？それかアクセンチュアの工藤さんのどちらかだったと思います。
だって、それまでは「ビッグデータはンー ZB」とか、デカさで勝負！ みたいな言われ方ばかりだったのが、19 世紀の国勢調査から話が始まるアナログ感は意表をつかれましたよ（笑）。

そしてその先にパンチカードの発明があって、IBMの前身がある。
まるで西部開拓時代の努力とコンピューティングがイーブンだって発想でしょう。「人間って考える動物だなー」ってつくづく思いました。

— それは柿沼さんにとってのターニングポイントになったと？

そーでもないかな？
ただ、TVメディアでは「ビッグデータはクラウド上に集められた膨大なデジタルデータである」と言ってる人もいる。
「どっちが本当のことなんじゃいっ！」って話でしょ？

— どちらが正しい説明なんですか？

んー。どっちも。いや、マジで。
大きいデータって定義であれば、どっちもビッグデータでしょ。
ただし、19世紀はまとめるのがやっとだったのが、今はコンピューティングのおかげで、集計・分別・統計が早く簡単になったということでしょうね。
つまり「昔からビッグデータはあった。しかし現代はそれを活用しやすくなった」。便利になったというわけですよ。

— じゃあ、昔のデータはもう使えないですね。

いや、そーでもないんですよ。

昔のアナログデータは、それはそれで“スモールデータ”と呼ばれていて、その中には十分なノウハウが詰まっている。
それを現在のデジタルデータの“過去からの学び”とすれば、さらにビッグデータの精度が上がる。
温故知新ってやつかなー。
過去から学ぶって大切ですよ。

―ビッグデータで予測すると、的中率100%ですね！

いや、そうも言い切れないんです。
私がビッグデータを研究し始めた時の狙いは、確かに100%の的中率でした。
しかし、案件を何度もこなしても、完全的中にならない。
その根源は、計算中に社会的情勢の変化やアクシデント、気候など多くのバイアスが加わることでブレる。
今は、どう詰めても±15%ぐらいまでです。
でも、それでいいのかもしれないと、思うようになりました。
気象予想も長期予想ほど精度が低くなるのと同じなんじゃないかと。
この考え方を**『Forward-looking型分析』**と呼んでいる人がいますね。
それはシナリオプランニングに“不測の事態を織り込む”考え方で、短期分析をしながら長期のブレを補正していく、いわば、短期予想、実証、長期予想補正、また短期予想を繰り返し、多様性を吸収していくつかのシナリオを用意していくテクニックです。

この方が実用的だなーと思いますね。
クライアントが理解してくれるかが鍵ですけど。

― 他にもそのような分析手法はありますか？

たくさんありますよ。
先ほどの『Forward-looking 型分析』の前に、**『Backward-looking 型分析』**という、過去値からシナリオライティングする方法もありますし、あ、ほら。ＴＶゲームにもありますよ。

― ＴＶゲームの中に？

米マクシス社がプログラミングした『シムシティ』がそれです。
このゲームは、ちゃんとロジカルに作られていて、その町に住むエージェントたちの相互作用によって、火事が起きやすい町になったり、スーパーマーケットやオフィスビル不足で納税が停滞する仕組み。
あれは『ＡＢＭ』、いわゆる **Agent-Bassed Model** というモデルで、ゲーム理論、複雑系、計算社会学、マルチエージェントシステム、進化的プログラミングを視覚化したもので、ビッグデータ以前の快適な町づくりシミュレーションなんですよ。
単純な『確率論的アプローチ』の良いサンプルですね。

― ゲームもビッグデータですか！

一部のゲームの話ですけどね。

でも、「そういう理論があるんだな」と思いながら遊ぶと面白いものですよ。

― 報道番組ではＳＮＳがビッグデータの代表のように紹介されていますが、それは本当ですか？

あーゆー報道は間違いだなー。
Twitter とか LINE を持ち出すと“つかみ”がいいでしょ？
だから出しちゃうんでしょうね。
ＳＮＳはビッグデータの一部に過ぎないんです。
ＰＯＳとかＭ２Ｍから得られる定型のデータは**『構造化データ』**に分類され、ＳＮＳのデータは**『非構造化データ』**に分類されます。
Twitter や Facebook のデータは、テキストもあり、画像もあり、動画もあり、という複数の要素が入り交じっているから“非構造化”なんですよ。
これを扱うには含まれる要素が多くてやっかいでもあるんですが、ひとつ得れば、多くの紐付けされたデータが得られる宝の山でもある。
この非構造化データの出現でビッグデータの Variety（多様性）と Velocity（速度）が格段に上昇し、利用者の声をマーケティングや新開発にすばやく活用できるようになった。ビッグデータの牽引役になってくれたのは確かですね。

― ＳＮＳって、どれぐらいの量が存在するんですか？

すっごく多いですよー（笑）。

一般の説では、グローバル単位で言うと、Twitterは1日あたり4億ツイート、Facebookは25億投稿、500TBにあたるとされています。
両者とも旧来はパソコンのみでしたが、スマホの普及で爆発的に増加したんです。
そりゃー、報道番組のつかみに使われるワケですね。
わかりやすいですから。

―話は変わりますが、ビッグデータって絶対に必要なんですか？

大金注ぎ込んでる大企業は「絶対に必要です」って言うと思うけど、私は違うな。

―と、言いますと、必要のあるなしはどこで決めるんですか？

商業圏のパイの大きさかな。
そうねー、半径100mぐらいをターゲットにした商店やサービスは不要でしょ。人間の脳をHDDに置き換えると約1TBあると考えられているんです。
それだけあれば、人口密度6,000人/km²程度の地域なら313人分の顧客データの保存の出し入れは、ひとりの店長でできます。
パイの大きい企業が相手にしているビッグデータは1.8ZB。
実に人間脳の1億8千倍。しかも今この瞬間も10TB／日ずつ増え続けてる。それを即時に現場へ落とせるスピードが要求されてるわけですね。
ビッグデータはそんな大きいパイを相手にしている企業や自治体、金融、人材配置などには必要だと思います。

— うーん。柿沼さん…いや、データサイエンティストって、頭が良くないとできないですね。

そうでもないですよ（笑）。
ちょっとネット・オタクみたいなところはあるかもしれないですけどね（笑）。
大事なのはセンスと知識欲なんじゃないかな？
国立大学を主席で卒業してもデータサイエンティストに不向きな人はいるんじゃないかな。

— データサイエンティストに必要な条件とは？

私流に言えば「研究が好きで、遊びも好き。そのためなら寝ないでも徹底している人」とでも定義するかな。
それって体力ないとできないっすね。
それに、得たデータが有益かどうかは、その活動目的によって左右されるんです。
ある業界や企業、業務においてはゴミ同然のデータでも、ほかでは価値のあるデータとなることもあるんですよ。
今見えていない価値を見分けるセンス、**『データビジョナリー』**を持っている人はデータサイエンティストでも競争で優位に立てるエリートになりますね。

一般的には「4V」を扱える人でしょうか。

— 初めて聞きます！「4V」とは何ですか？

先ほどのSNSのでも少し話しましたが、**4VとはVolume、Variety、Velocity、Veracityの頭文字**から取られています。
日本語で言えば、量、多様性、速度・頻度、正確性・真実性。
このタフな課題をクライアントにわかりやすくする仕事なんです。データサイエンティストって。
だからコンピューティング、しかもネットワークになったことで可能になった訳ですけどね。

— 具体的にデータサイエンティストの仕事とは何ですか？

平均80%がデータベースからのデータ収集やデータの精査、異常値の排除等の**「データ処理」**です。
残りの20%は因果関係や相関関係の活用、課題解決に有用な知見の導出といった**「数値モデリング」**ですね。
この中には「クライアントにわかりやすいグラフィックは何か？」とか「解決策の発案」も入ってくる。
実に地味、かつセクシーな仕事ですよ。

— セクシー？ え？ 意味がわからないのですが。

ハーバード・ビジネス・レビューに掲載されていましたよ。
一昨年の10月だったかな？

アメリカ人の言うところのセクシーとは、エロではなくて、好奇心とか魅惑的、奥深さみたいな意味合いがあるので勘違いしないでくださいね。たぁーだ、もう、その 21 世紀で最もセクシーな仕事は根気が必要でね。
だって８割がデータ処理でしょ？ 華があるのが残り２割。
まるでお米作りみたいですよ（笑）。

― それは大変ですね。疲れないですか？

いえ、それが分析中って疲れないもんなんですよ。
友人のデータサイエンティストも同じこと言ってました。
何ていうか、やはり知的好奇心が勝るんでしょうね。辛いなんて一度も思ったことがない。
あの、あれじゃないですか？ 大作ＲＰＧにハマった人みたいな、「この先に何があるだろう？」とか「このデータは使えそうだからストックしておこう」とかの思考回路が、実にＲＰＧあるいはシミュレーション・ゲームのプレイヤーに似てるんじゃあないかなぁ。
それが鬱陶しい人はデータサイエンティストで、理に叶った結論を出せませんね。向いてないんですね。

― データマイニングでの苦労ってありますか？

ありますね。
特に感じることは、扱いデータ量が多過ぎて、目で確認できないこと。

1980年代頃のデータ量なんて、1プログラムあたり10MBぐらいでしょ？
バグなんて目で見て修復できたんですよ。
それが、今は扱っているデータ量が100倍ぐらいありますから。
ひとつでも不要データが混じっても、気がつきにくいし、仮に気がついても、どこだかの特定が気の長い作業なんです。
このあたりは今後の課題ですね。

― なるほど。ところで、どうしてもビッグデータというとビジネスへの効果を考えてしまうのですが…。

いいですよ。
実際に、ビッグデータ分析のためのアルゴリズム開発と並行演算処理能力の高いサーバには高価な投資が必要で、そのためには大モノ狙わなくては、やっていけませんからね。

― どんな時に、クライアントはビッグデータを必要とするんでしょうか？

ウチにクライアントから依頼をいただく時は、たいていが「売れなくなったから、なんとか打開策を提案して欲しい」っつー、今からじゃ遅いよ状態が多いのですが、それも私は挑んでいます。
売れが上昇した時点と衰退した時点の差異に、何がしらかの起因する条件の発見はあるもので、おのずと改善案も提案できます。
本来、クライアントは、商品あるいはサービスの企画段階からビッグデータを活用すべきだと思います。

弊社は、その成り立ち上、トイやアニメなどアミューズメント系企業のお客様が多いのですが、過去と今とでは社会背景が異なるから、スモールデータとビッグデータを連携させると、消費者像が見えてくる。その後の販路や在庫計画、販促も誤差± 15% ぐらいでは指針を発信できるんですよ。
ただしねー。アミューズメント業界は手強いですねー。
まず職人気質な企業さんが多い。仕事をアートと勘違いしてる傾向にあるし、小さい情報源でも自分的に響けばGO！ みたいな仲良しの集まりですから、ビッグデータにはまだ懐疑的ですね。その中にも理解者はぽちぽちいらっしゃるので、そこを突破口にして、理解していただこうとしている途中ですね。
アニメ会社は以前はＣＧに否定的だったのが、今はほとんど全てがＣＧを主力にするようになりましたから、ビッグデータも、近い将来、この業界で理解してもらえるでしょう。

— 今どきビッグデータを活用出来ないなんて、古めかしい企業ですね。

まぁ、ビッグデータ活用の方が後発ですから、そう思われるのでしょう。これからです！（ガッツポーズ）

— クライアントにとってビッグデータにどう取り組めばよいとお考えですか？

自社の本質を、改めて見つめ直すべきだと思います。
企業はそれぞれに長所と短所がある。その長所は何か？

生産ラインに汎用性があるとか、営業網が広いとか、圧倒的な知名度だけはバツグンにあるとか、ポジティブを自覚することです。そしてそれをどう生かすかがはっきりした時にビッグデータ導入を考えるとよいでしょう。
上場企業には、株価上昇狙いにプレスリリースで「ビッグデータ導入！」と謳う企業があるけど、それってどーかなーって思いますね。
確かに新テクノロジーの本格導入が確実であれば、株主としても、その企業に賭けたいでしょ。
でも、“なんちゃって”だったら、やめた方がいい。
ビッグデータはそんなに簡単に事業に取り込めるマシーンではないですからね。
なめてもらっちゃー困るぜって感じです（笑）。

— 話は変わるのですが、今回この本で『Googleトレンド』やYahoo!の『リアルタイム』を使ったビッグデータ分析の初歩を説明いただいたのですが、他にも同じように気軽に使えるアプリやサイトってありますか？

あんまり教えたくないなー。どうしよう？（笑）
まぁ、いくつか。
ひとつは**『テレビ出演ランキング』（http://www.tv-ranking.com/）**は活用次第で面白いですよ。
月単位でＴＶに露出している時間の総数を表示しているのですが、これを「あー、今一番出てるのはこのタレントかー」とぼんやり読むのではなく、例えばジャニ系グループのピンでの出演時間とグループ出演時間を積層グラフに落とし込むと、その事務所の作戦が見えてきて、面白いですねー。

もうひとつ、サブカルの実態を計測するなら**『オタラボ』（http://otalab.net/）**だなぁ。
ここではオタク情報の発信と同時に、訪問者を対象にアンケートを行ったり、コスプレコミュニティサイト経由でコスプレの傾向を集計していて、エンタメ系企業には良い材料になると思うなー。
ただし、かなりの生データなので、ひと手間かける必要はありますけどね。
スマホ＋ビッグデータの発想は、この本を書いている間にもどんどん進んでいて、IBMとappleの提携なんて、どんなものが出て来るのか興味ありますね。一般向けではないでしょうけど。
ちなみに弊社では独自にオープンリソース＋αを結びつけた独自のシステムを組んだ『MARIA ver.4.4』を実装しており、実務はそちらで採取しています。
Googleトレンドとかはあくまで入門編ですよ。

― 柿沼さんは本書でたびたび、考現学を出していますが、何か思い込みがあるんですか？

ありますねー。めっちゃ（笑）。
個人的な話になりますけどね、幼児期の私はちょっと変わった子だったんですよ。

― どのように？

たとえばね、子どものお絵描って、棒人間がニコちゃん笑顔で、空には真っ赤な太陽。あとはお家とか、花火とか？
私の４歳は違ってましたね。俯瞰図を書いちゃうんです。
誰に強制されたわけでもないのに、幼稚園や友達の家を真上から書いて、その周辺のどこに誰が立っていて、どこに道がつながってるかを描く、先生泣かせの不思議ちゃんでした（笑）。

― それは不思議ちゃんだ！（笑）でも、それと考現学の関係は？

あ。横道それちゃいましたね。
そんな不思議ちゃん園児の頃に、当時の父の書籍棚から、ある一冊の本を見つけたんですよ。それが、たぶん『婦人公論』の古びたものだったんだと思います。
それの中には、なんだか特有なグラフィックデザインで、当時の服装、行動、タイムクォーク、フォークソノミーの原型みたいなものが克明に記録されていて、ハマりましたねー。
残念ながら、続きも見つけられなかったし、今はどっかになくしてしまいましたけど。

― それが柿沼さんと考現学の出会いと。

今から思えば運命でしたねー。
あれがなかったら、ビッグデータなんて発想もなかった。
よく父が持っていたもんですよ（笑）。

― 文中で「芸術も数学だ。両親に感謝」と書かれていましたね。

ええ。
その発想は両親がチャンスをくれたたタマモノです。
父と言えば、岡本太郎さんとも親交があった前衛派の画家でしたが、何でも研究家でもあって近所でも有名な変人で、現代に残したものと言えば、東京外環のうどんチェーン『山田うどん』のロゴとマークぐらいなんですけどね。とにかくスクラップの達人でした。
母は洋装ファションデザイナーでした。
進路で美術へ行くか、洋裁へ行くか、バンドをやっていたので音楽を学ぶかを悩んだ時に「全部やっちゃえ！」と後押ししてくれたのが母です。
例えば音楽って、感性の世界と思うじゃないですかー？
それが読譜の勉強を知って思い知りましたね。
音楽は周波数でも小節でもすべて“数値”の学問なんですよ。
調和音にはかならず周波数の偶数倍が必要だし、モーダルにしたりする時は、素数で割った周波数の音が関係する。
小節なんて数学論の究極ですよ。

今年めちゃくちゃ流行った『アナと雪の女王』。
アレをビッグデータで予知できなかったのか、過去データから紐づけてやってるんですが、なかなかコンテンツとしては見当たらない。
ただ唯一言えるのは、大ヒットした『ありのままで（原題 :Let

It Go)』は数学的に訴求力が証明できますね。

サビのあそこ。日本語版で「ありの～」の「の」（英語版の「Go」）が小節の先端に運ばれるよう、0.5 拍前からフレーズが始まるように作られている。
この手法はパンチ力を組み立てるために、よく使われる数学です。
AKB48 の『ヘビーローテーション』もそうだし、EXILE の『ライジングサン』も同じ構造だし、それから…。

― ちょっ、ちょっ、柿沼さん！

はぁ、はぁ。燃え過ぎましたね。でも音楽だって数学なんですよ。

― それはビッグデータに関係しますか？

します！（キッパリ）
趣向の世界を数字で読む！ この文系＋理系のセンスがデータサイエンティストのキモなんですよ。
すべての事象には理由があるでしょう。そこに再現性が証明されれば、ビッグデータを駆使して、開発や販売タイミングの向上に大いに寄与できるわけですね。
ご理解いただけましたか？

― 深いですね（苦笑）。
そう言えば、本書の企画の段階で柿沼さんは「売れた」と「売れる」は根本から違うとおっしゃってましたが、その根拠を教えていただけますか？

ぶっちゃけ、ひとことで言えば、芸人における「笑われた」と「笑わせた」の違いと同じです。
笑われるのは、誰でもできる。ドジやったり、奇声を発するだけで笑われることはできる。
でもそれは偶発的なもので、アンコントローラブルな状態であり、再現性がない。
マーケティングに置き換えれば、偶然売れた商品にいい気になって続編的なものを出しても、それは売れない。
相関関係が明確になっていないからです。

過去にこんな事例がありました。
日本では西友を買収したウォルマートが本国で、台風が近づくと『Pop-Tarts』というビスケットを店頭前面に出して、売上げを上げたことがあります。
これはビッグデータ分析による相関関係の重要性を物語る例としてデータサイエンティスト教育でよく使われるんですけど、実際にも不思議と、台風とPop-Tartsの高い相関関係をベースにした施策によってPop-Tartsが「売れた」そうです。しかし、次回台風が来た時にも「売れる」かどうかは、わかるんかいな？って話ですよ。
「売れた」と「売れる」の違いを理解するためには、確率の概念が役立つわけですね。
例としては、過去の台風発生時にPop-Tartsの売上げがどうだったのかを何度も観察し、「過去に発生した1,000回の台風のうち、Pop-Tartsの売上げが980回あった」と計測できれば、「次回の台風では98%の確率で相関関係が見られる」と表現できる。
そして台風の数が多いほど分析結果のブレは少なくなるでしょ。
このサンプル数で「売れた」か「売れる」＝因果関係か相関関係かを見極めていく、と、まぁ、これは情報エントロピーの話なんですけどね。
そういうことです。

— 統計材料にアンケートとか、POSはダメなんですか？

そのふたつについて、私は全否定しません。
ただし、それぞれに統計材料としての４Ｖのいずれかが欠落しているので、不完全な材料だと思います。
まずアンケート。
アンケート採取にも多様な手法があって、契約でストックしてある人員を集め、実演のうえで、回答を集計する。
この場合、主催者と回答者の人間関係の微妙な距離によって遠慮が発生し、同時に集計も時間がかかる。
それはVeracity（正確性）とVelocity（速度）の面で劣る。
近年伸びているマクロミルは契約者にWeb上で５段階あるいは７段階で回答をしてもらい、マイルを与える。
回答者はマイルを貯めてお金がもらえるというシステム。
出現時にはネット銀行と連携して、なかなか面白いアイディアだと思ったんだけど、あれもねー、４Ｖのうち、Veracityの面で信憑性を疑うな。
なんだか学生時代から長いおつきあいの５段階あるいは７段階評価。あれって、統計学の世界では、まだ真実性で肯定されていないんですよ。
あなたも覚えないかなー。
利き腕側に回答が集中するってこと。
右利きなら、良くても悪くてもずらーっと右端一直線にクリック。
マクロミルは回答数でお金になるから、回答者も数こなすのに必死なワケよ。
出る結果なんて、関係ない。
っつーことは、その回答の真実性が疑われるわけ。
アンケートはその点でダメだな。

次にPOS。
Point Of Sale system、略してPOS。
本来はレジの不正防止システムだったのが、次第に付加価値をつけ、在庫管理システムに成長した。
最近はこれに（手動入力による！）天候や性別入力を加え、ビッグデータの材料に使われてますね。
でも、そこにも弱点があるな。
本文のどこかで書いた“０”をどう解釈するか？ってトコ。
０とは売り切れなのか？入荷前なのか？もともと発注してないのか？そこが不明。
怪しいデータだと、私はまだ思っているんですよ。

以前、部下の給料を決定するMBO評価の際、「在庫をゼロにする」と念頭に掲げられていたものが、「結果的にゼロでした」と、しおしお提出して来たことがあってね。
オペレーションで頑張ってゼロにしたんじゃなくて、供給がずっとなくて、倉庫が空になったって事態があったな。
その“ゼロ問題”が4Ｖに沿ってクリアされない限り、私はデータマイニングにはならないと考えている。
あ、いや、強い口調になっちゃったな。そう思うんですよ。

― なるほど、よくわかりました。
ところでビッグデータとは売るための技術なんですか？

この本の前半でも書いたように、福祉にも活用されています。
少子高齢化、日本人の減少は歯止めがきかない。
そんな未来がヤバい日本を救うのもビッグデータの仕事だと思いますよ。
例えば、高齢者家庭では自発的な申請などは大仕事で、老老介護が進めばなおさら、年金が入ったのも気がつかず、特例があるのも知らず、ただただ死を待つのみ…なんて、あってはならないでしょ？
そんな時、後期高齢者のデータを、福利厚生や新薬に紐付けできれば、少子の若者たちの手を煩わせずにケアできることが可能だし、このヘルプなしでは、近未来は乗り切れないでしょう。
被災地のケアや復興にも通じる、ひとつの支援策として、ビッグデータは本領を発揮すると思いますよ。
そうじゃなくちゃ、夢がないじゃないですか。

拝金主義のためのテクノロジーなんて発想。ダサいっすよ。

― 最近、SUICA でジュースが買える自販機、いわゆるＭ２Ｍが増えていますが、あれはどう思いますか？

あー。あれねぇ。どうなんだろうって思いますね。
単なるオートマタよりは、販売情報を供給元に送り、補給計画や分析に使うのはアリだと思いますよ。
でもね、顔認証して推し商品を提案するってー、やり過ぎって感じするなー。
それは“押し売り”みたいなものでしょ？
「本当は消費者が何が欲しかったか」のデータをスキップしてる。
そこに企業エゴが見えるなー。
今の顔認証技術は高いからね。作れちゃうのね。
ま。いずれ消えるテクノロジーだと思いますよ。

― ビッグデータの本で『ＤＭＰ』という文字を目にしたのですが、あれはなんなんですか？

“Data Management Platform”の略です。
顧客の属性、趣味、購買履歴、バナー広告をクリックしたか、ＳＮＳの活用状況等を一元管理して、分析し、マーケティングに活用する動きです。
こんな個人を特定できそうなデータ、広告代理店は喉から手が出るほど活用したい情報でしょうねぇ。

なにせ、ピンスポットで売り込みができる。
この本でも書きましたが、ビッグデータの行き先にギリギリで個人情報保護法に觝触しかねないヤバい部分があるんですよ。
それをやろうとしている動きはあります。
2014 年現在、法律で守られている個人情報は、次のどれだと思いますか？
メアド、位置情報、ＤＮＡ、端末ＩＤ、氏名、住所、顔画像、指紋、クレジットカード番号、ウェブサイトの閲覧履歴。…わかりますか？

― えー？全部じゃないんですか？

それがね。氏名、住所、顔画像だけしか法で守られていない。

― えーっ！恐いなぁ！

でもね。
これに似たことをずいぶん昔に丸井は『赤いカード』でやってたんですよ。知ってました？
その時は消費者も、個人情報にゆるかったし、丸井の顧客アタックもＤＭもゆるかったから、誰も疑問を持たなかったんですよねぇ。

この課題はこの１年のうちに結論が出されるでしょう。
しばしお待ちを。ね。

— これも受け売りなんですが、『ＨＥＭＳ』って何なんですか？

“Home Energy Management System” の略ですね。
今度は家です。家。
日本では最近、ヤマダ電気が千葉の住宅販売会社を買収して、本格的に乗り出していますね。
アレはまだＨＥＭＳの入口程度です。
もっと先を考えているのは、Google です。
例えて言えば、一戸建て住宅を“電池が必要なおもちゃ”と想定してみて下さい。
このおもちゃの核は『エネルギー計測ユニット』で、エネルギー源は太陽光発電とＥカー。
Ｅカーは充電をして帰ってくる電池のような存在です。
これらインプットを有効活用するだけなら、ビッグデータとは関係なくなっちゃうけど、こいつはちょっと違う。
アウトプットとしてのブロードバンドルーターを経由したクラウドへのデータ蓄積によって何かやろう！ってところまで来ているけど、イマイチ本格活用になってませんね。
三井不動産が今年発表したＨＥＭＳは一歩抜きん出ていて、インテリアのコンテンツ化です。
その家庭の好みの TV コンテンツを壁に投影したり、料理の提案をキッチンのテーブルに投影し、作り方をオンタイムで説明しながら、IH 調整もやっちゃおうってアイディアです。
すごいですねー。未来ですねー。
ただ、こういう大風呂敷って、得てして実用化しないんだよね。
しばらくは静観しましょー。

— データサンプルは多ければ多いほど良いのですか？

いいえ。データ量が膨大を極めると理論的にはアンフィニ（無限大）になってしまうんです。
例えば地球上の砂の粒を対象としたら、気の遠くなるほどの計算が必要となり、４Ｖが破綻してしまいます。
これは『ユークリッド空間』で解釈できるでしょう。
n として理想は 5,000、最低限でもビデオリサーチが計る数量 400 が目安でしょう。
データが大き過ぎると、無になってしまうと考えてくださいな。

— ほかにビッグデータで変わったトピックスなどはありますか？

これからは自動車保険も変わりますよ。
今の自動車はログ採取の固まりですから、運転手がどんな巧みなウソをついても、ログを取り出せばバレバレです。
『ＰＡＹＤ』と『ＰＨＹＤ』という新しい考え方の自動車保険が登場し始めています。
『ＰＡＹＤ』は走行距離のログから運転手の活用度を推測して掛け金が変動する保険。
『ＰＨＹＤ』は急ブレーキや急加速、急ハンドルの頻度をログから運転手の危険度を測定して掛け金を変動させる保険です。
これってスゴいと思いません？
自動車保険は誰でも低めに押さえたいもの。
ロジカルに事故率の低い高いを測定して、反映させる発想。

今後は浸透していくリアリティのあるビッグデータ活用法だと思いますね。

― ビッグデータの近未来の課題は何でしょうか？

よく例えられる課題に**『追跡型広告』**がありますよね。
一度のぞいたページのデータを採取されていて、どこのページに行っても同じ広告が出るアレ。
「あれはやだなー」ってたいていの人が言ってますよね。
amazonでは今、購入者の次の購入を予想して、先行して仕入れて、購入者宅に最も近いロジスティック・ベースに運んでおくという、ウソのようなホントの話。
でもこのシステム、的確に働けば気のきいた“おもてなし”だし、ド外れすれば“よけいなお世話”な、紙一重の問題ですよね。
じゃぁ、どうすれば“おもてなし”になるのか？
それはやはり分析アルゴリズムの精度を向上させるところにあると思いますね。
例えば温泉旅館の仲居さんなどは、絶妙のタイミングで会食を用意してくれたり、お布団の準備をしてくれます。
そこには経験から得たノウハウがあるのでしょう。これって例のスモールデータじゃないですか。
そのノウハウを適切にアルゴリズムに組み込めれば、「お！ちょうどその商品が気になってたのよー」ってタイミングでバナーを発信できる、便利なお手伝いさんになることでしょうね。

― 最後に、読者の皆さんに一言どうぞ。

そーですねぇ。
私がこの本で伝えたかった最大の目的は『興味を持つ力』であり、『思考力』です。
ネットも真実とガセネタが混在しています。
その中から真実を読み解く力＝情報リテラシーを身につけ、希望ある未来創造の旗手になることを目指して欲しいです。

ご拝読、ありがとうございました。

— 今日はどうもありがとうございました。

■著者プロフィール

柿沼　朱里（かきぬま　しゅり）

1960年生まれ。文化学院デザイン工学部卒、グロービス経営大学院 経営学研究科 卒業（MBA経営学修士）。有限会社　緩急クリエイティブ代表取締役。データサイエンティスト。一般社団法人データサイエンティスト協会会員。データマイニング+ウェブ@東京メンバー。
1983年にPCソフトデザイン組織として創業。93年アライアンス、ブランディング、デザインを手掛けた『ビーダマン』（累計出荷数8000万個以上）が大ヒット。この業績によりタカラ社長賞受賞。99年には『ベイブレード』（累計売上額1,650億円以上）を大ヒットさせる。2006年、株式会社ユー・エス・ジェイ物販部開発次長（MG5）に就任。ゴールドマンサックス証券とのアライアンスを経て、同社をマザーズ上場に導く。08年、㈲緩急クリエイティブ起業。現在はバンダイ『妖怪ウオッチ』が全国で売り切れる大ヒット中。その一方で地域振興のビッグデータ活用に取り組んでいる。14年3月8日、国際女性デーにて、日本を代表する女性ビジネスマン100人に選ばれた。

ヒットの予兆はスマホで瞬時に読みとれる！
世界一やさしい ビッグデータの超攻略術

2014年10月10日　初版発行

■著　者　柿沼朱里
■発行者　川口　渉
■発行所　株式会社アーク出版
〒162-0843　東京都新宿区市谷田町2-23　第2三幸ビル2F
TEL.03-5261-4081　FAX.03-5206-1273
ホームページ http://www.ark-gr.co.jp/shuppan/
■印刷・製本所　三美印刷株式会社

ISBN978-4-86059-142-7